WAKE UP!

in Melbourne
メルボルン

吉田ちか
Chika Yoshida

はじめに

2018年の1月22日、東京で雪が積もりました。当時は娘のプリンがお腹にいる頃で、妊娠5ヶ月でした。その日は、近くのカフェで「人生一度はやってみたいアメリカ横断の旅」の原稿をヒシヒシと書いていました。その夜、ゆっくりゆっくりと車を走らせながら目にしたちょっとしたことが、このプチ移住計画のきっかけとなったのです。

雪の中、家が密集している住宅地を走っていると、道路の端に(あるお家の玄関の前)子供たちが昼間に作った小さな雪だるまがありました。そっか、庭もドライブウェイもないから家の前の道路に作るしかないのか…。

私は、父親の仕事で小学校1年生から16年間アメリカのワシントン州に住んでいました。東京と同じであまり雪は降りません。だからこそ降った時は、子供たちが大喜び。朝一にニュースをつけて、学校の休校情報を必死にチェック。自分の学校が出てくると "It's a Snow Day!!"と叫びながら家を走り回っていました。そして、友達に電話して、すぐに遊ぶ約束を。家の前に大きな私道がある友達の家に集まり、何時間ものソリ遊びが始まります。友達のお父さんがピックアップ・トラックで来てくれて、坂を降りればトラックで上まで連れて行ってくれるのです。

学校が終わると、牧場を持っている友達の家で馬に乗ったり、大きな納屋の中で干し草の俵で基地を作ったり、今思うと本当に贅沢な遊びを沢山させていただきました。今後このお腹の子をどこでどのように育てていきたいかをおさるさんと一緒に考えていたところ、道端にぽつんと立っている雪だるまを見て自分の子供の頃のことを思い出したのです。

自分が育ったのと同じような環境でプリンを育てたいというこだわりはありませんが、自然も文化も豊かな場所で、クリエイティブで大胆な遊びもできて、のびのびと成長できる環境を作ってあげたいとは思っています。そして、そんな思いから始まったのが、実は軽井沢への移住計画でした。

私もおさるさん(夫)も、自由業なので家で仕事をしています。週に1、2回東京に行けたら大丈夫なのでは？新幹線で1時間だし！ というある日の会話から始まり、数日後には軽井沢の駅前の不動産屋さんにいました (笑)。そこから3週末連続で軽井沢に通い、家の間取りなどを妄想したり、家を建てる時に知っておくべ

きことの参考書を買ったり。当初あまりにも突然な提案に戸惑っていたおさるさんも徐々に乗り気になり、本格的に検討していました。

でも、ある日ふと思ったんです。「なんで日本じゃないといけないんだろう？」って。日本は大好きです。安全だし、丁寧だし、綺麗だし、食べ物も美味しいし。でも、自分が海外で育ったというのもあって、将来プリンを育てる場所としてアメリカに限らず海外も視野に入れたいと思いました。

実際に移住するとなったらビザのことや様々な壁があると思います。でも、まずはそのような制限は考えず、ここに住みたい！と純粋に思う場所を探そう！ほとんどの国は観光ビザで3ヶ月はいられるので (半年いられる国も！)、とりあえず色んな国に3ヶ月だけ住んでみよう！ということから現在のプチ移住生活が始まりました。

たとえ、将来その国に住めなかったとしても、そこで得た経験や学びは、どこに住んだとしても活かせる財産になるに違いない。

メルボルンが初めてのプチ移住先となるのですが、完全に感覚で決めました。とにかく寒い日本を脱出して温かい場所に行きたいというのが大前提だったので、いつもクリスマスが真夏のオーストラリアが浮かんできました。私が当時フォローしていた海外のインスタグラマーにメルボルン出身の方が数名いて、なんとなくおしゃれな街だという認識はありました。また、大学時代の大親友が数年前までメルボルンに住んでいたので、ファミリーフレンドリーな街か確認したところ、とても子育てしやすそうだよ、と言われて、決定！

そんな私たちは2月にメルボルンへ飛び立ち、3ヶ月間色々なことを体験して、多くの発見を動画でシェアしてきました。これまでのちか旅よりも「暮らし」にフォーカスし、自分たちのリアルな一日を細かく発信したり、現地に住む方々をインタビューしたり、オーストラリアの働き方のヒントを探しにある企業の取材まで行いました。本書では、動画でシェアしきれなかった発見や気づきなども含めて、私たちの3ヶ月をみっちりと記録しています。ちょっとしたことなのですが、新しい生き方や考え方、やり方や見せ方に目覚める毎日でした。

固定観念に囚われていた自分たちの脳を3ヶ月間刺激してくれたメルボルンという街。是非一度は行っていただきたいです。でも、実際メルボルンに足を運べない方でも、本書でシェアしている私たちの様々な体験を通して、ご自身の生き方を刺激するような新たな発見やきっかけがあったら嬉しいです！

WAKE UP!
in Melbourne メルボルン

はじめに ———————————— 2

Week 0 ———————————— 6

Week 1 ———————————— 8

Hello Melbourne！
（メルボルンに着きました!）

First time in the city!
（初めてのメルボルン市内）

Saturday Night Symphony
（アートを気軽に楽しめる街!）

Week 2 ———————————— 26

Making VR180
（VR動画の制作）

COFFEE CULTURE
（メルボルンのこだわり溢れるコーヒー文化）

Toshi @ Market Lane Coffee

Great Ocean Road
（世界で最も美しい海岸道路）

BABY EXPO（ベビー用品で知る生活の文化の違い!）

Week 3 ———————————— 50

Skinner's Adventure Playground
（メルボルンの子供たちによる手作りの公園!）

Library（メルボルン人の日常に溶け込む歴史ある図書館）

Dukes Coffee Roasters（活気溢れる都会のカフェ）

Flagstaff Gardens（大都会のど真ん中に永遠と続く緑）

Week 4 ———————————— 70

Swimming Lessons（歴史ある建物でベビースイミング）
Amazing Day Care for Pudding
（メルボルンの素敵な保育園）

Summer- time fun !
（楽しい野外イベント!）

Moonlight Cinema

Moomba Festival

Baby-friendly shopping!
（綺麗でベビーフレンドリー! メルボルンの高級モール）

Week 5 ———————————— 94

Our New Home !
（新しいお家へ引越し!）

The Australian Grand Prix
（おさるさんの大好きなF１グランプリ!）

The Night Market
（クリエイティブ溢れる夜の屋台）

Week 6 ———————————— 112

Is it Measles ?!
（もしかして麻疹?!）

Trying Vegemite !
（ベジマイトに挑戦!）

Japanese cuisine in Melbourne !
（メルボルンの日本料理）

TABLE OF CONTETS 目次

Week 7 — 130

Melbourne Museum!
(ベビーも大人も楽しめるメルボルン・ミュージアム！)

Getting a new look!
(メルボルンのヘアサロン)

Afternoon drinks on the River
(ヤラ川でゆったりした午後を)

Day trip to wine country!
(シティを離れてワイナリーランチ)

[COLUMN]
「奇抜なビルが立ち並ぶメルボルン」

Week 8 — 150

Lovely boutiques at Port Melbourne
(ポートメルボルンの素敵なブティック)

My favorite market!
(メルボルンのお気に入りマーケット)

Latte Art Champion!
(世界一のラテ・アーティストは日本人?!)

Week 9 — 164

Haircut in Melbourne
(メルボルンの理髪店でおさるさんがヘアカット)

Australia's "fluid" working style
(オーストラリアのフレキシブルな働き方)

[COLUMN]「休暇と給与の話」

[COLUMN]「睡眠時間とGDP」

Week 10 — 182

Life of an Australian Uni Student!
(メルボルン大学生からもらったおしゃれ生活のヒント)

Peninsula Hot Springs
(日本にも欲しい！と思うほど素敵なペニンシュラ温泉)

Pudding's first Babycino!
(プリンのベビーチーノデビュー！)

[COLUMN]「ドライブスルー酒屋？」

Week 11 — 198

Osaru-san goes to English School!
(語学学校で芽生えた意識)

Food for everyone
(誰でも食べられる寄付制レストラン)

Last Days in Melbourne
(メルボルン生活、最後の日々)

Week 12 — 216

メルボルンMAP — 218

Thank you!! — 220

Week 0

Getting ready! 新しい生活に向けて

このお家で撮る最後の家族写真

メルボルンに出発する前の週は、いつもバタバタな私たちにとってもあり得ないほど忙しい日々でした。今後、このプチ移住生活を続けていくとなると、1年の大半を海外で過ごすことになるので、車を売り、当時借りていた一軒家を引っ越して、小さなマンションに移ることに。

前の家の1/5のスペースに移るわけですから、当然引っ越すだけではなく大規模な断捨離が必要でした。家具など捨てるのがもったいない物は、買取業者の方に来ていただきました。引っ越しの繁忙期だったため、大型トラックがなく2日間に分けての引っ越し作業になったり…。3ヶ月という長期旅行の準備だけでも大変なはずなのに、加えて大掛かりな引っ越しもすることになったのです。

Week 01

当に奇跡でした！準備中は余裕がなくてピリピリする瞬間も何度もありましたが、そんな時はプリンがいつも二人を笑顔にしてくれます。夜のフライトだったので、プリンはおっぱいを飲むと離陸前にぐっすり。やっと一息する時間ができましたが、先のことは全く考えられず、とにかく間に合ったことにホッとしていました。

なぜそんなにキツキツなスケジュールを組んでしまったのか…。いつも通り何も考えていなかったんでしょうねw。じゃないと、逆にこんなことに挑戦できないかも！と、なんでそこでポジティブに捉えるんだよ?! だから一向に改善されないのです。

どうにか引っ越し作業は終わったのですが、私たちの小さな新居はダンボールで足の踏み場もない状態。でも、片付ける暇もなく翌日の立会いに向けて前の家に戻り、掃除。でも、その前に生配信をするという…。本当に自分は頭がおかしいんじゃないかと正直思いました。

夜中の3時に掃除が終わり、小さなマンションでダンボールに囲まれて2時間ほど仮眠。幸いなことにメルボルン行きのフライトは夜でした。でも当日は荷物の立会いもあり、無事に空港に着いたのは、本

Week 1

MON
2/11

TUE
2/12

WED
2/13

THU
2/14

TAKING OFF & ARRIVING IN MELBOURNE

日本での引っ越しがなんとか終わり、無事飛行機に乗ってメルボルンへ！

夏を期待してメルボルンに到着したら、寒くてびっくり！ でも、昼には雲もすっかりなくなり気温も過ごしやすく。Airbnbで予約した部屋にチェックインしたらメルボルンのシティを一望できるバルコニーに感動！

GETTING TO KNOW THE NEIGHBORHOOD

近くのスーパーでお買い物。Airbnbの目の前に美味しいフォー屋さんを見っけ！

VR 180 SHOOT

CHECKING OUT FILMING LOCATIONS FOR VR SHOOT

P10

New city. New life. Here we go!
新しい街。新しい生活。始まります！

FRI 2/15	SAT 2/16	SUN 2/17
（VR映像の制作期間）		
メルボルン市内でVR撮影のロケハン。カフェがずらりと並ぶDegraves Streetやクイーン・ビクトリア・マーケットの視察！	**SATURDAY NIGHT SYMPHONY** VR撮影のため公園でピクニックをしながらオーケストラを無料で聞けるイベントに参加！	**HANGING OUT AT ALBERT PARK** 午前中はクイーン・ビクトリア・マーケットでVRの撮影！ 夕方は、F1が開催されるアルバート・パークでお散歩。

  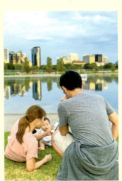

P18

Vlogs

#ノマドファミリー 着いた！
AUSTRALIA
いよいよ始まるノマド生活！メルボルン空港、フライト、現地の宿！〔#757〕

夜景
1st week in **MELBOURNE**
移住してから1週間! かなり充実☆ こんなことして過ごしています！〔#759〕

QUEEN VICTORIA Market 180°
オーストラリアで一番広い！
メルボルン最大のマーケットで食べ歩き☆ ドーナツとホットドッグが美味しい！〔#770〕

Symphony AT THE PARK
素敵すぎる海外の野外イベント☆ ピクニックしながらオーケストラを無料鑑賞！〔#771〕

Week 1

Hello Melbourne!

メルボルンに着きました！

メルボルンのタラマリン空港に着いたのはお昼前。飛行機を降りたら寒くてまずびっくり！メルボルンに決めた理由の一つが、季節が日本とは逆で冬に夏を楽しめるということだったのに、夏の気配は一切なくてショックを受けました。実は、メルボルンは、1日で四季を感じられると言われるほど天候が不安定な街です。テニスの全豪オープンでは40℃とニュースで見ていたので、もう夏は終わってしまったのか〜！と思ったのですが、夏はまだまだ終わっていませんでした。メルボルンならではのmoodyな天気を1日目から味わうことができました。

予約していたAirbnbは3時までチェックインができなかったため、空港で軽くランチをすることに。お店を探しに荷物受け取りエリアから外に出ると、早速カラフルな野外パブにウェルカムされました。Stomping Groundというメルボルンの有名なブルワリーが運営している空港店。色鮮やかなウォールアートに加えて芝生で映画鑑賞ができるアウトドアシアターまで、空港にこんなお店が?!と移動の疲れが吹っ飛ぶほどテンションが上がりました。なかには男性のグループが人工芝に大きなダッフルバッグを積み重ねて地元の人のようにビールを飲む光景もあったのですが、バーの左上のモニターでフライト情報が確認できるので、到着直後や出発直前ギリギリまで飲めます。オーストラリアの人がお酒を飲むのが好きなのは前から知っていましたが、メルボルンならではのユニークさと遊び心を感じ、早く市内に出て街を開拓したいとワクワクしました。

メルボルンのCBD（Central Business District／市内）は、空港から車で約30分。スカイバスという赤いダブルデッカーバスが10分ごとに出ていますが、私たちは荷物が多かったためタクシーで予約していたAirbnbに向かいました。

旅先を色々と調べる方もいるかと思いますが、私はほとんど事前にリサーチをしません。メルボルンに関しても、カフェが沢山ある、テニスの全豪オープン、F1グランプリが開催される以外何も知らないで行きました(それでよく行ったな！と思う方もいるかもw)。勝手なイメージや期待値に左右されずに、なるべくニュートラルな状態で行き、現地に着いてから気になったことを調べながら冒険したいタイプです(実は、いつもバタバタで調べる時間がないだけ？)。映画鑑賞と似ていて、周りからの評価や感想を聞いて楽しみに観に行く映画って大抵がっかりして、何も知らずなんとなくのきっかけで観た映画の方が意外と面白かったり…。旅も同じような気がします。

そんなblank slate（白紙）の状態でメルボルンを訪れたわけですが、市内に入ると高層ビルの多さにまずびっくりしました。ビルとビルの間にはクレーンが覗いていたり、新しい開発も活発。メルボルンを写真で見るのもインスタグラマーのおしゃれカフェぐらいだったので、勝手にもっとこぢんまりとしたart townをイメージしていました。いやいやいや、オーストラリアで2番目に大きい都市ですから！そして、オーストラリアのどの都市よりも急激に人口が増えている大都会。

メルボルンには「suburb」と言われる14つのエリアがあるのですが、高層ビルなどのオフィス街はほとんどCBDに集中しています。東京のように銀座があったり渋谷や新宿があったりというふうに、分散していないので、一見かなり都会に見えました。

最初の1ヶ月を過ごしたのはそんなメルボルンのシティからトラムに乗って15分ほどのところにあるコンドミニアム。タクシーから降りた瞬間、こんなところなんだ〜と、正直ちょっとがっかりしました。St. Kilda Roadという大通りに面していて、目の前のブティックホテルと数軒の飲食店以外は何もありません。今回は、長期の「暮らし」をイメージしていたので自分が想像していたコミュニティ溢れる住宅地の雰囲気が一切なく、「場所選び、失敗した！」と思いました。でも、実は、ものすごく暮らしやすい場所で、トラムの乗り場は目の前にあるし、少しお散歩をすれば素敵な公園や小さなスーパーやカフェもありました。

そして何よりも、このコンドミニアムからの景色が素晴らしくて。シティの眺めはもちろんですが、一面に広がる緑に驚きました。まさにGarden City。シティに向かってずっと公園が続いているんです。テーブル付きの立派なバルコニーがあったので、天気がいい日は外で食事したりしていました。

2月はまだ夏だったので、日没は夜の8時半頃で9時半頃まで暗くなりませんでした。アメリカの夏も夜の10時頃まで明るいので小さい頃はそれが嬉しくて仕方がなかったです。その影響か、いまだに遅くまで明るいと嬉しくなってしまいます。プリンの寝かしつけが ちょっと大変でしたが(汗)。

> オーストラリアのどの都市よりも
> 急激に人口が増えている街です。

Week 1

First time in the city!
初めてのメルボルン市内

3日目にやっとシティに出かける体力が戻り、トラムに乗ってメルボルンのCBDに行きました。トラムの料金はゾーンで分かれていて、私たちが滞在していたToorak Roadは、シティまで片道$4。たった15分で着くので高めですが、シティに入るとトラムはすべて無料。CBDは縦に5ブロック、横に8ブロックぐらいで都会のようで実際は小さなエリアです。歩こうと思えばどこにでも歩いて行けるのですが、買い物をしたあとや急ぎの時は気軽にトラムに乗って移動ができるのでとても便利です。

CBDはヨーロピアンな建物が多く、散策していると写真を撮りたくなるスポットだらけです。Degraves Streetというカフェやレストランが並ぶ通りは、歩道と歩道の間にパラソル付きのテーブルがぎゅうぎゅう詰めで、まるでパリ。

メルボルンはアートへの関心も高く、路地を覗くと必ずと言っていいぐらいウォールアートがあり、ローカルのアーティストの作品をラッピングしたカラフルなアートトラムも街を走っています。一番驚いたのは、メルボルンのウォールアート文化に寄せた壁画スタイルの広告。リアルな広告をわざわざ絵画にするんですよ！

Flinders Street Stationとその向かい側にあるSt Paul大聖堂やゴージャスな州立図書館を見るとヨーロッパの印象が強いのですが、Swanston StreetやElizabeth Streetなどのメイン通りに出るとまるでアジア！タピオカドリンクのお店や今風のポップな韓国のデザート屋、日本のラーメン屋などが次々と現れます。一瞬どこに来たのかわからなくなるほど！CBDには語学学校や大学が密集しているため、様々な国からの留学生やワーキングホリデーで来ている方が沢山いるんです。

アジアの存在が想像以上に大きくて最初は驚きましたが、アジア系の飲食店やアジアン・スーパーがそこらじゅうにあったので食事には全く困りませんでした。

Week 1

そして、シティの面白いところは、小さなエリアに色んな人と文化が共存していること。歩いている通りによって雰囲気がガラッと変わるんです。Swanston StreetとElizabeth Streetはとことんアジア、Bourke Streetは大手アパレル店やデパートがあり観光客がずらり。そしてその下に並行するCollins Streetは高級ブランド店と高層オフィスビルが並び、朝はスーツでビシッと決めたビジネスマン・ウーマンが通勤している様子が見られます。

大通り以外にCBDの見どころは個性溢れる様々な路地。Flinders LaneやLittle Collins Streetに入ると、出社前のビジネスピープルがマイカップを片手にお気に入りのカフェに並んでおしゃべりをしています。メルボルンで働く人々のルーティンをちょっ

と覗いている感覚で、朝や仕事上がりの5時ぐらいに行くと結構楽しめます。

South Yarra, Fitzroy, Brunswickなどシティから出たところにも素敵なエリアが沢山ありますが、個人的にはCBDも意外と開拓し甲斐があり、探れば探るほど素敵な発見がありました！

Week 1

Saturday Night Symphony

アートを気軽に楽しめる街！

> 街の中に公園があるのか、
> 公園の中に街があるのか
> わからないぐらい緑だらけです。

メルボルンに着いたらまずピクニック・ブランケットを買いましょう！と言っても過言ではないぐらい野外イベントが多い街です。メルボルンは別名Garden Cityと呼ばれているのですが、確かに、街の中に公園があるのか、公園の中に街があるのかわからないぐらい緑だらけです。そしてみんなとにかく芝生好き！ 私が育ったアメリカもですが、こっちの感覚としては芝生は寝転がるためにあるようなものです。

私たちがブランケットを買うきっかけとなったのはSaturday Night Symphony。メルボルン・シンフォニー・オーケストラの演奏を公園で無料鑑賞できるイベントです。食べ物や飲み物を持ち込んでのピクニックのようなイベントだと聞いていたので、早速ブランケットとピクニック・バスケットを購入し、スーパーでチーズやワイン（私はジュースをw）を買って行きました。

芝生に寝転がりながら無料で本物のオーケストラを聴けるという贅沢すぎるイベント、当然のことながら大勢の人が集まっていました。フードトラックもいくつかありましたが、ほとんどの方がサラダやパスタなどをタッパーいっぱいに詰めてワインと共にブランケットの上で食べていました。

演奏が始まる前は、ワインで気持ちよくなっている方々が楽しげにおしゃべりをしていたのですが、演奏が始まった瞬間、会場はシーンとなりました。観客が一体となり、仲間とワイワイするために来ているのではなく、仲間とオーケストラを聴きに来ているんです。子供から大人まで、メルボルンの人々のアートへのリスペクトを感じました。鳥まで急に動きを変えて、音楽に合わせて空を踊っているように見えました。

プリンも参加したのですが、隣の人たちとすぐ仲良くなり、後半はずっと遊んでもらいました。ある女性の表情と表現の大胆さを見て、おさるさんが衝撃を受けていたのを覚えています。「ワインは好き？彼氏はいる？私なんて28なのにいないわ。あなたはまだ大丈夫よ！」というような会話を大きな笑い声を上げながら当時8ヶ月のプリンとしていました。それに反応して笑ったり声を出すプリンを見て、「まだ一言も話せないのに、俺よりコミュ力高いっ…」とおさるさんがボソッと言っていましたw。

このイベントに限らず、メルボルンの人々は本当にベビーフレンドリーで、子供も大人も、男性も女性も、街中でもトラムでも、みんなもれなくプリンに話しかけてくれました。ちょうどこの頃、手を振ったり、投げキスをしたり、挨拶というものがわかっ

てきたので、people person（フレンドリーで人好き）になるために非常にいい刺激だったと思います。

こんな素敵な思い出となったSaturday Night Symphonyはシドニー・マイヤー・ファンドとマイヤー・ファンデーションという慈善団体が主催しています。ファンドの設立者のシドニー・マイヤーさんはもともとベラルーシからメルボルンに移住した移民の方でカーテン事業を成功させた実業家。音楽好きのバイオリニストでもあったマイヤー氏は、1929年にメルボルン・シンフォニー・オーケストラとの取り組みで、自分を成功させてくれたこの街、メルボルンの人々のために無料の野外音楽イベントを開催するようになったそうです。所得に関係なく、誰でも質の高い音楽を味わえるこのイベントがまさか移民の方の感謝の気持ちから生まれたとは！

DAILY SNAPS

Happy V-Day!!

メルボルンに着いた翌々日はバレンタイン・デー！
シティのお花屋さんには、
会社から帰宅途中に一本のバラを買う
男性たちが並んでいました♥

Flinders Street Station

メルボルンのシンボルとなる
フリンダース・ストリート・ステーションは、
なんとオーストラリア初の駅！
1926年には世界で最も混んでいる駅だったそうです。

What a view!

Airbnbの窓からメルボルンを眺めるプリン。
隣のマンションの部屋が丸見え！
近くで航空ショーが行われている時は、
隣の人もベランダに出ていて、
普通に話しかけてきます。

Week 1

First Dinner

Airbnbの向かい側にあるフォー屋さん！
ありそうでない、シンプルさで
おさるさんがすっかりハマってしまいました！
私はフォーではなくて、混ぜそばのような
Vermicelliがお気に入り☆
最初の1ヶ月は、3日に1回は行ってたかも！

Queen Victoria Market

南半球最大規模のマーケットがなんとメルボルンに！
シティ内なので、アクセスもよく気軽に行けます。
野菜、フルーツ、お肉などはもちろん、
マヌカハニーや雑貨などお土産も沢山ありますが、
個人的にはここのNight Marketがおすすめです
（106ページで詳しく紹介します）！

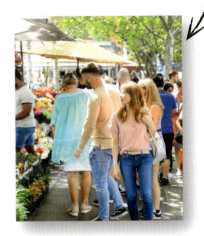

Degraves Street

デグレーヴス・ストリートは
カフェやレストランが並ぶ有名な路地。
看板は、すべて壁にぶら下げるタイプで
統一されており、
美意識を感じました。

Iced Latte

Brunettiという有名なカフェで
「アイスコーヒー」を頼んだら、
なんとアイスクリームの入っているラテが出てきました！
メルボルンでアイスコーヒーを頼みたい場合は、
iced long blackもしくは、
cold brewと言って頼みます！

DAILY SNAPS

Pepper Lunch!
CBDには日本のお店も沢山！
なんとPepper Lunchが進出していたとは！
しかも、建物がおしゃれw。

Are we in China?
空港からの道のりで驚いたのが、
中国語の広告の多さ！
高級マンションや投資銀行の宣伝、
売りに出ている物件の看板にも
中国語が書かれていました。

Melbourne Grammar School
Airbnbの目の前に
ハリー・ポッターが通っていそうな学校が！
メルボルンでもかなり格式の高い
伝統ある学校らしいのですが、
生徒さんたちが近くのマクドナルドによくいました。
こんな立派な学校に行っていても
お昼はマックなんですよねw。

Week 1

Terrace dining!

テーブル付きの
立派なバルコニーがあったので、
天気がいい日は外で食事したりしていました。

All lit up!

メルボルンは夜も明るくてカラフルな街！
多くのビルは、カラフルなライトアップで
存在感を出していました。
夜はプリンが寝てやっと編集できる時間なのに、
何もせずこの夜景を眺めていたい
と思うことが多かったです。

Pudding's Growth
（プリンの成長）

オーストラリアのベビーフードに
チャレンジ！
クリームシチューのような味のもの
がプリンのお気に入り。
キャップつきのパウチなので、
外食にも便利！

Week 2

MON	TUE	WED	THU
2/18	2/19	2/20	2/21

VR 180 SHOOT （VR映像の制作期間）

VR SHOOT AT ABACUS BAR & KITCHEN

サウスヤラにあるお店でVRのカフェ編の撮影。

INTERVIEWING TOSHI AT MARKET LANE COFFEE

メルボルンの有名日本人バリスタのToshiさんにインタビュー。

VR SHOOT ON THE GREAT OCEAN ROAD

世界一美しい海岸道路と言われるＧｒｅａｔ Ｏｃｅａｎ ＲｏａｄでVRのデイトリップ編を撮影。

WORK DAY

溜まった素材を編集

気分転換にFitzroyの人気カフェAuction Roomへ。

P36

P38

Sightseeing through VR180!

VR観光でメルボルンのメジャーな観光スポットを制覇！

FRI	SAT	SUN
2/22	2/23	2/24

VR SHOOT AT MELBOURNE CENTRAL SHOPPING CENTER

シティのショッピングモールでVRの街紹介編を一部撮影。

VISITING ST. ALI FOR THE FIRST TIME

サウスメルボルンにある有名カフェ ST.ALiに行って素敵な雰囲気にどハマり！

BABY EXPO & HARUNA'S THANK YOU DINNER

赤ちゃんグッズの展示会に行き、夜は、VRを手伝ってくれたはるなちゃんと打ち上げディナー。

Vlogs

Week 2

Making VR180

VR動画の制作

　メルボルンの滞在1、2週目では、YouTubeの「VR Lab」というプログラムの一環で、5本のVR（バーチャル・リアリティー）動画制作に初めて挑戦してみました。

　VRの3D映像はゴーグルをつけて視聴すると、視聴者があたかもその場に自分がいるような感覚になるので、私と一緒に旅行をしているかのような動画を作れると思いメルボルンで撮影することに決めたのです。出発前に東京のYouTube Spaceで開催されたVR制作のワークショップに参加したのですが、実際やってみないとわからないことだらけ！

　通常の旅動画は、ほとんど計画せずその場でリアルに起きたことを撮影して編集するのですが、VRは、対象物との距離感も重要で、近すぎると圧迫感を感じてしまう。遠すぎるとせっかくの臨場感を活かせなくなってしまうなど、いつも使っている機材と異なる要素が多いため、ロケハンをしたり試し撮りをしたり、事前にシミュレーションが必要だったのでかなり時間がかかりました。

　でも、このVRのプロジェクトのおかげでメジャーな観光スポットを早い段階で訪れることができたので、何も知らずに行ったメルボルンの全体像と地理感を早速掴むことができました。

また、撮影だけではなく、編集やアップロードなども通常の何倍もの労力と時間を要したのですが、やっと完成した5本の動画を「VR WEEK」と題して連続で公開しました。

CBDエリアの街歩き、南半球最大規模の市場Queen Victoria Marketでの買い物、Saturday Night Symphonyでオーケストラ鑑賞、おしゃれカフェabacus.での注文、そしてGreat Ocean Roadでのドライブを臨場感溢れる180度動画で見ることができます。

しかし、3Dの臨場感のある視聴にはゴーグルが必要なので、ゴーグルなしでは臨場感を味わって頂けないことと、ゴーグルは人によっては、乗り物酔いのような症状が出る方もいて、頑張って作ったにもかかわらず「通常の動画の方が良い！」という厳しい意見も頂きました。

現段階では、撮影機材や編集技術、そして視聴環境が整っていないので、そのような意見が出ることは仕方ないと思います。でも、将来は間違いなくVRのような技術が一般的になり、英会話などの教育の分野でも活用されると思います。VRは以前から作ってみたかったコンテンツだったので、形にできて本当に勉強になりました。なんでもやってみないとわからない！

想像以上に大変でしたが、プチ移住先の初destinationのメルボルンの風景が180度VR映像として残るのがとても嬉しいです。将来、あの頃に戻りたい！と思ったらゴーグルをかけてタイムスリップしようと思っています！

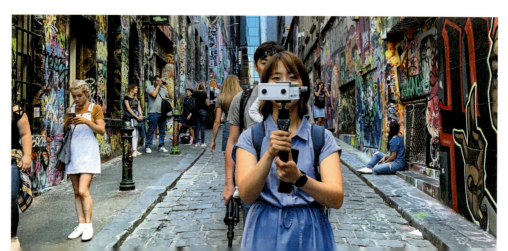

Week 2

COFFEE CULTURE

メルボルンのこだわり溢れるコーヒー文化

そのコーヒー愛は
想像以上でした！

メルボルンにはおしゃれなカフェが沢山あることは行く前から知っていたのですが、そのコーヒー愛は想像以上でした！5ブロックぐらいしかない市内だけでも2000店あるらしいです。街中を歩いていると両側にカフェしか並んでいない通りも珍しくはありません。

メルボルンのコーヒー文化は、1880年代のTemperance Movement という禁酒運動をきっかけに始まったそうです。お酒が禁じられパブが消え去った中、Coffee Palaceという新しい交流の場ができました。メルボルンのショッピング街を歩いていると、豪華すぎる建物が印象的なH&Mがありましたが、こちらは、もともとThe Federal Hotel and Coffee Palaceの建物であり、コーヒーブームの発祥のスポットだったとか。

このようにしてメルボルンのコーヒー愛が始まり、ヨーロッパからの移民により更に根付き、近年ではスターバックスが撤退するぐらい強い独自のコーヒーカルチャーが存在するほどになりました（最近スターバックスが再び参入しているみたいですが、シアトル育ちの私からすると悲しいぐらい活気がないですw）。

> "バリスタのこだわりがとても強く、それによって生まれる個性が何よりも魅力的でした"

レストランに行くと、まず聞かれるのが "What kind of coffee would you like?" もうコーヒーを飲む前提なんです！ どのコーヒーが良いですか？と聞かれて、初めはどう答えて良いのか戸惑いましたが、オーストラリアでは基本的にlong black, flat white, pour overの3種類のコーヒーがあります。エスプレッソにお湯を加えるアメリカーノは、long black、ラテは flat white、ドリップ・コーヒー（マシーンじゃなくて手で淹れるもの）は、上から注ぐという意味で pour over と呼ばれています。この3種類が定番で、最近流行っているPatricia Coffee Brewersという立ち飲みコーヒー店のメニューには、この3点しかありません。

アイスコーヒーを頼みたい場合は、iced coffeeではなくて（アイスクリームがのったコーヒーが出てきます！）、iced long blackもしくは、cold brewを頼みます。スターバックスで私がよく頼むフラッペチーノのようなドリンクはほとんど見かけませんでした。

メルボルンのコーヒー文化でもう一つ印象的だったのは、マイカップの多さ。シティのコーヒー屋さんで並んでいるビジネスマン・ウーマンの方々はほとんど reusable cup を持って並んでいます。そして、コーヒーを受け渡すカウンターに様々なデザインのマイカップが湯気を立てて置かれていました。私も影響されてすぐにマイカップをゲットしました！

こんなにもコーヒーカルチャーがリッチなメルボルンにプチ移住したのに、実は私、コーヒーが苦手で、メルボルンに行く前はラテすら飲む習慣がありませんでした。でも、メルボルンに着いて、素敵なカフェの多さにびっくりして、これを機にcoffee personになろう！と思い、色々とトライしてみました。ここまで多くのカフェでコーヒーを飲んでみることが今までなかったので、お店によって味が全然違うことに驚きました。コーヒーは本当に奥深い！お店によっては、その日の気温に合わせてコーヒーのレシピを変えていたり、pour overは注ぐ回数と時間が細かく決まっていたり、バリスタのこだわりがとても強く、それによって生まれる個性が何よりも魅力的でした。

でも、こだわりが強いのは作る側だけではなく、飲む側も。温度を指定するお客さんもいるみたいです。長年メルボルンにいたら自然とコーヒー通になるんだな、と感じました。メルボルン出身の知り合いに「やっぱりコーヒーは好きなの？」と聞いたら "You can't not." (好きになるしかない) と言われたのが印象的でした。

Toshi @ Market Lane Coffee

そんなメルボルンに誰もが知る有名店がいくつかあるのですが、多くのちか友の方におすすめされたのが、日本人バリスタのToshiさんが働くMarket Lane Coffeeというお店。

Market Lane Coffeeは、メルボルンに6店舗あるのですが、本店はサウスヤラにあるプラーランマーケットという市場にあります。メルボルンには様々な市場があるのですが、マーケットの近くには必ずMarket Lane Coffeeがあります。私たちが本店に行った時は工事中だったのですが、本来はマーケットから直接カフェに入れて、市場から食べ物を持ち込むことも可能みたいです。お店自体はコーヒーだけにフォーカスし、コーヒー豆に食べ物の香りがしみ込まないようにフードはほとんど置いていないのです。

たまたまVRのロケ候補になっていたお店がサウスヤラにあり、撮影許可を取りに行きました。お店のマネージャーさんに事情を説明して許可を得た後、お茶でもしようと思っていたのですが、その日は火曜日でそのカフェは3時に営業終了。他にどこかお店がないかな〜とGoogle Mapsを見ていた時に、噂のMarket Lane Coffeeがすぐ裏にあることに気づき、お会いしたこともないのに Toshiさんいるかな〜とお店に向かって歩いて行きました。

Toshiさんは今、バリスタを卒業し、豆の味を決める焙煎の責任者であるヘッドロースターをされています。店頭に出ないこともよくあるみたいですが、たまたまタイミングよく外で他の取材を受けられていました。近づくと、そんなToshiさんが私たちに気づき「妻がいつも見てます！」と言ってくださり、奥様がちか友だったことが判

Week 2

> "100店舗以上回っても
> 雇ってくれるカフェはゼロ。

明！話が弾み、翌日取材をさせていただくことに。

Toshiさんは、14年前にワーキングホリデーでニュージーランドに行き、自分のパッションを探している中「コーヒー」というものに出会い、2年目のワーホリを申請しコーヒーカルチャーが盛んなメルボルンに移動しました。バリスタを目指すべく、コーヒースクールにも通ったのですが、英語力のなさと経験不足でレジュメ（履歴書）を持って100店舗以上回っても雇ってくれるカフェはゼロ。14年前はアジア人がコーヒーを淹れるなんて考えられなかったそうで、差別的なこともあったみたいです。外国の方が茶道をされる感覚なんでしょうね。お茶は日本人が淹れた方が美味しいでしょ！と思わず思ってしまうように。

死に物狂いの職探し、知り合いの紹介でなんとかコーヒーワゴンでの仕事を見つけたToshiさん。アジア人が淹れるコーヒーなんて、と思われていたところ、Toshiさんの腕でワゴンの売り上げが3倍にもなったそうです。数字で明らかになった彼の実力と働く姿勢が評価され、他にも何軒かの店舗を経てMarket Lane Coffeeで働くようになられたそうです。今では、バリスタ業から豆の味を決めるヘッドロースターのお仕事をされているのですが、最近は、産地への出張もあり、私がToshiさんに出会った直後ケニヤに出張に行かれていました。

そんなToshiさんがメルボルンのコーヒーカルチャーに日本人の存在を刻んでくれたお陰で、今は多くの有名店で日本人のバリスタが活躍されています。

Week 2

Great Ocean Road

世界で最も美しい海岸道路

> " シティから1時間程度でまるで別世界の景色を楽しめるのもメルボルンの魅力だと感じました。"

メルボルンから車でたった1時間ほどのところに世界で最も美しい海岸道路と呼ばれる、グレートオーシャンロードという海岸沿いのドライブコースがあります。VRの撮影をきっかけにメルボルン生活が始まってまもなく行くことになったのですが、あいにく私たちが行った日は悪天候。でも、さすがメルボルン！ 天気がコロコロ変わり、晴れる瞬間も何回かありました。その一瞬で車の窓から見えた海の色は、忘れられません。海岸沿いのターコイズから海の深さが伝わってくるディープブルーへのグラデーション。シティから1時間程度でまるで別世界の景色を楽しめるのもメルボルンの魅力だと感じました。

VR制作のために「ちか友留学生活」でお馴染みのはるなちゃんが同行してくれていたので、この最高の眺めを背景に素敵な家族写真を撮ることができました。

Great Ocean Roadが正式にスタートするMemorial Archに行く途中で、Chocolate Factory という看板があったので入ってみるとびっくりするほど立派なチョコレート屋さん。立ち寄ってみると、メルボルンの意外な一面が見えました。お店に入るとカラフルなパッケージのチョコレート土産がずらり。右側では工房で大勢の職人の方々がチョコレートを作っていました。

ガラスのマグカップにチョコレート・シェービングが入っているホット・チョコレートのキットや1メートルもの長さのチョコレートバー、グレート・オーシャン・ロードをテーマにしたパッケージの板チョコなど、色んな種類のチョコレートがありました。

これを見て私が思ったのは、オーストラリアのお土産文化って日本に似てる！ ということ。日本人がこのお店を見てもなんとも思わないと思うのです

が、私はアメリカ文化とどうしても比較してしまいます。そして、いくら観光地であってもアメリカでここまでお土産が充実している専門店は見たことがないです。

もちろん、ここだけではなくメルボルンのあらゆるところにこのお土産文化が見られます。アメリカから日本に戻る際、毎回お土産に困ります。気の利いた素敵なパッケージのお土産があまりないんです。お土産は英語で souvenir なのですが、こちらは元がフランス語で「覚えておく」という意味です。アメリカでいう「お土産」は、旅の思い出になるものを買うことであり、日本のように家族へ、会社の人や友達などへ、お土産を配る習慣はありません。

グレート・オーシャン・ロードの景色はもちろん素晴らしいのですが、間違いなく一番テンションが上がったのは、野生のコアラに遭遇した時！動物園でコアラとの触れ合いなどはしたことがありましたが、野生のコアラに出会えるなんて。はるなちゃんが木の上で休んでいるコアラを見つけてくれました。自然の中でも動物園でもこんな感じにちょこんと木の上に座っているんですね。

グレート・オーシャン・ロードの最終目的地であるTwelve Apostles（十二使徒）という観光スポットに着くまでにいくつかの港町があるのですが、私たちはApollo Bayでランチをすることに。Google Mapsでお店を検索したら私が大好きな牡蠣屋さんが！

ブラッド・オレンジジュースが美味しかったのでラベルを見たら、Bundabergというロゴの下に

Week 2

「Australian Family Owned」と書いてありました。旅の楽しみの一つは、ローカルのお気に入り商品を見つけること。Bundabergは、1960年代にブリスベンの北にあるBundabergという街で始まった飲料メーカー。いくつかのフレーバーを試してみましたが、お気に入りはPassion Fruit！

ちなみに、オーストラリアはびっくりするほど国産ブランドの意識が高く、国産のものは必ずと言っていいぐらいラベルにアピールされています。なかには公式の「Australian Made」のロゴが貼ってある商品もあります。「Australian Made」は、1986年に政府が立ち上げたもので、企業がライセンスを購入し、審査を通ればその商品が純粋に国産であることが認定されます。例えば、日本でも有名なオーストラリアのブーツブランドのUGGは、Australian Madeと認定されています。作る側は国産であることを誇りに思い、それを消費者にしっかり伝えたい、買う側はオーストラリア・ブランドを信頼し、ローカルのメーカーを応援したい。英語圏であるため海外の商品と区別しにくく、このようなものができたのかもしれません。

目的地のTwelve Apostlesについたのは20時半。サマータイムでまだ日は落ちていませんでしたが、曇りで雨も降り始め風も強く、「せっかくゴールしたのにこの天気！」と思いながら、展望台に急いで向かいました。長年の侵食により本土の崖が12本の石炭岩の柱として残り、この神秘的な風景がまるでイエス・キリストの12人の高弟を表しているようでTwelve Apostlesと呼ばれるようになりました。その後侵食が続き今は8本となっています。

天気がいい日はもちろん素晴らしく綺麗だと思うのですが、曇りの日はものすごくドラマチックで、最初のがっかりな気持ちはいつの間にか無くなっていました。残念ながら、VRの撮影でバタバタしていたため、この景色をゆっくり堪能する時間も、写真を撮る暇も余裕もありませんでした。これはカーシートが大嫌いなプリンがもう少し大きくなってから、もう一度ゆっくり挑戦してみたいメルボルンからのプチロード・トリップです。

Week 2

BABY EXPO

ベビー用品で知る生活の文化の違い！

> ニッチな悩みでも、面白いアイディアで解決しようとする試みは、なんか夢がありますよね。

Market Lane Coffeeで出会ったToshiさんの奥様から、Baby Expoというベビー用品の展示会があるという情報を聞き、行って来ました。赤ちゃんはみな同じ成長のステージを通り、親も同じような悩みや課題を持って子育てをするはずなのに、国が違うだけで売っている商品がこうも違うことにいつも驚かされます。

これは絶対に日本にはない！と思ったのが、妊婦が使えるプール用のフローティングベッド。うつ伏せに寝転がってもお腹が潰れないように穴がぽっこり空いています。さすが、海外！と思うような商品。50%オフになっていたので、Expoではあまり売れていなかったみたいですがw。ニッチな悩みでも、面白いアイディアで解決しようとする試みは、なんだか夢がありますよね。

> 制服やドレスコードも全くなく、自分らしさを出したセールスが逆に説得力があり好印象でした。

子連れの旅行グッズを立ち止まって見ていたら、販売員の方が商品の説明をしに来てくれました。彼女は、白いタンクトップとスパッツ姿で、腕には大きなタトゥーをしていました。「私の子供たちも使ってるよ」とフレンドリーに話しかけてくれたのですが、制服やドレスコードも全くなく、自分らしさを出したセールスが逆に説得力があり好印象でした。

次に訪れたのは赤ちゃん用の帽子屋さんのブース。オーストラリアは日本と季節が逆なので、ちょうど向こうの夏にプチ移住をしました。一日で四季を感じられるほど朝、昼、晩の温度差が激しいメルボルンですが、昼間の日差しはかなり強く、ちょうどプリンの帽子を探していました。赤ちゃん用の帽子は意外と限られているのか、見つからず、このブースを見つけた時は、ここで買わないと！と思いました。

Bedhead（寝癖）Hatsという可愛い名前のブランドなのですが、オーストラリアのあるママが始めたビジネスです。外で遊ぶことが大好きだった息子さんに赤ちゃん用の帽子を探していた時に、いいものが見つからず自ら作って被せていたのですが、街中で

「その帽子どこで買ったの？」と聞かれることが多く、最初はマーケットなどで売り始め、今はExpoやオンラインショップで世界的に販売しているみたいです。確かに、新生児用の帽子ってあまり売ってなくて私もなかなか見つけられませんでした。創業者の彼女いわく、小さい頃から被り慣れている方が、大きくなっても嫌がらないのではないかという思いから、小さな赤ちゃんでも被れるものをデザインしたらしいです。

プリンが被ると運動会感がすごいのですがw。耳もしっかりカバーされるので個人的にはとてもお気に入りでした。メルボルンでは外で遊ぶことが本当に多かったので、かなり活用させていただきました。

Week 2

この頃プリンはハイハイをし始めて1ヶ月ほど経っていたので、スピードも速く、気づけば私たちの機材やケーブルなどで遊ぼうとしていました。滞在していたAirbnbは、棚が少なく収納する場所がなく困っていたところ、Expoのあるブースでベビーサークルを見かけた時は、「これいい！」と一目惚れ。でも、さすが海外！なんと長さ2メートル以上、幅1.5メートルという巨大サークル！

Airbnbのリビングは結構広かったので、おさるさんと二人で「入るは入るね〜 でも、3ヶ月だけだしね〜」とかなり迷いました。いいと思ったらすぐ買いたいタイプの私ですが、これはさすがに…と思って諦めて帰ったのですが、結局翌日オンラインで購入しちゃいました。でも、結果すごくいい買い物でした！

そんなベビーサークルは注文した2日後に届いたのですが、配達前にわざわざショップから確認の電話がきて驚きました。というのも、私の中でオーストラリアはアメリカ文化に近いと思ってしまっていたところがあり、サービスに関してもアメリカと同じような対応だろうという期待値でいました。オーストラリア全体に言えることなのか、メルボルン特有なのかわからないのですが、サービスに対する意識がとても高いように感じました。アメリカはチップ文化があるため、レストランのサービスはフレンドリーで感じがいいことはよくありますが、それ以外のサービスに関してはミスが多かったり、従業員同士がベラベラと話していたり、仕事に徹していないことがよくあります。後ほど、オーストラリアの働き方について詳しくシェアしますが、働く時間は日本と大きく異なりますが、働き方は共通するものが意外とあるのではないかと思いました。

DAILY SNAPS

Abacus Kitchen & Bar

サウス・ヤラという
人気エリアにあるおしゃれなレストラン。
トレンディなブティックや飲食店が並ぶ
「チャペル・ストリート」という通りにあります。
ちか友の方が働いていると聞いて、
行ってみたらVRの撮影にぴったりだと思い撮影を交渉！

Night time Snack

Asian Flavors

おしゃれエリアFitzroyにある「Auction Room」でランチ。クリスピーなケールと温泉卵の食感が面白いライスボール！
香ばしい味付けが少し和風でとても美味しかった☆
おさるさんは、冷やし中華のようなヌードルを頼んだのですが、
メルボルンのカフェはアジアン系のものが多いので、
外食が続いてもきつくない！

Hi-Tec Cafe!

Degraves Streetという
有名なカフェ通りにあるTULIP COFFEEは、
take outのオーダーをiPadで注文。
Short Mac, Long Mac, Magic, Piccolo など
聞いたことがないコーヒーの名前がずらり。
サイズ、ショットの数、ミルクの種類、
砂糖やシロップの量、
ドリンクの種類とカスタマイズできる項目がすごい！

Week 2

Brunetti

Flinders Streetという路地にある
イタリアン・カフェ「Brunetti」。
本店はメルボルンのイタリア街「Carlton」にあり、
伝統的な雰囲気にも関わらず賑やかで気軽に入れます。

Flinders Streetの店舗は、
カラフルなケーキが並ぶショーケースを通り抜けると、
どんどん奥に広がる。
写真はないのですが、マグカップに入っている
チョコレートスフレがおすすめ！

Under the Bridge

カフェも多いけど、バーやパブも沢山！
こちらは、シティからサウス・メルボルンに渡る
ヤラ・リバーの橋の下にある
バー Ponyfish Island。

Pudding's Growth
（プリンの成長）

レストランですぐに
友達を作ってしまうプリン。
いつの間にか、隣のご夫婦と食事を！

橋の下のバーを撮っている姿はこんな感じ。
脚w。

49

Week 3

MON	TUE	WED	THU
2/25	2/26	2/27	2/28

OSARU-SAN IN JAPAN

FUN AT SKINNER'S ADVENTURE PLAYGROUND

個性溢れる面白い公園をネットで見つけて、Airbnbから歩いて行ってみることに。

RELAXING AT FLAGSTAFF GARDENS

前の日に行った公園に刺激されて、引き続きメルボルンの公園探し！

夜からおさるさんは日本に一時帰国！

FUN IN THE CITY

ワンオペ初日、プリンと二人で図書館＆カフェ巡り。

Dukes Coffee Roastersのキャロット・ケーキに感激！

HANGING OUT AT HOME

前の日に図書館で借りた本を読んだり、プリンとAirbnbでのんびり〜。

P52

P64

Just the two of us in Melbourne
プリンと二人きりのメルボルン・ライフ

FRI
3/1

SAT
3/2

SUN
3/3

SHOPPING WITH PUDDING

プリンと二人でEmporiumというショッピングモールへ！ベビールームが綺麗で安心！

WAY TOO HOT !

この週は猛暑で、特にこの日は暑すぎて日中は家で過ごしました。夕方になって近くの公園でプリンのエクササイズ！

LIBRARY AT THE DOCK

ドックランズというエリアにあるモダンでおしゃれな図書館で遊びました。キッズエリアが可愛くてプリンも楽しく本を見たりしました。

Vlogs

子供たちが作った公園？
独創的すぎるオーストラリアの公園！#ノマドファミリー in メルボルン🇦🇺〔#760〕

ベビーとお出かけ！
移住先で初めてのワンオペベビーとメルボルンでお出かけ♫〔#765〕

今日も二人っきり♥
移住先で初めてのワンオペベビーとメルボルンでお出かけ♫〔#765〕

大変だけど楽しい！ A day in our life!
YouTuber ママのリアルな1日！3日連続こんな感じですみません😅〔#767〕

海外でバリバリ働く マネージャー！
海外でバリバリ働く日本人行列のできる超人気カフェのマネージャー☆ 経歴、苦労、工夫を聞いてみた。〔#807〕

Week 3

Skinner's Adventure Playground

メルボルンの
子供たちによる
手作りの公園！

> その先に
> どんなものが待っているのか
> ワクワク感が高まる！

赤ちゃんが楽しめる遊び場をネットで探していたらサウスメルボルンに「Skinner's Adventure Playground」という、面白そうな公園があったので行ってみることに。滞在していたAirbnbから歩いて20分ほどで、お天気だったので気持ちいいお散歩になりました。14時ぐらいに着いたらなんと公園が閉まっている…営業時間がある公園？？

そうなんです。この公園は、平日は15時半から17時半まで。休日はお昼から16時半までと、時間が決まっている公園です。幸いなことにお気に入りのカフェのST. ALiがすく近くにあったので、まずはcoffee breakをとることに。プリンがお散歩中に寝てしまったので、ちょうどよかったです。

16時近くに戻ると子供たちのはしゃぎ声が聞こえました。足元を見ると公園の名前が。手作り感満載でなんてウェルカミングな雰囲気。正面を見るとユニークなアートの間にある入り口のドアが開放されていて、公園が少しだけ見えます。その先にどんなものが待っているのかワクワク感が高まる！

ユーカリの木の葉っぱの間から日差しが優しく降り注ぎ、なんとも温かく居心地のよさを感じます。柵で囲われた中を見ると色鮮やかな滑り台やブランコといった遊具の他に、木製のアスレチックやトム・ソーヤの小屋のようなものも見え、何この公園！

子供たちはウッドチップが敷き詰められた地面を駆け回ったり、大人気のトランポリンで飛び跳ねたりしていました。それを見て、大人の私も「楽しそう！」と興奮し、あの子たち早く降りないかな〜と心の中で思ってしまいましたw。地面とトランポリンに段差がなく、プリンも安心して遊べて最高！こ

れまで見てきた公園の遊具で一番お気に入りです！

ここは完璧に整備されたキレイな公園ではなく、手作り感が満載で、子供たちが作った秘密基地のような雰囲気が漂っているのです。公園内にあった看板に書かれていたのですが、この公園は1990年までは子供たちに材料とトンカチを渡して、好きなように遊具を作らせていたとのことです。だからこそ、現在も自由で手作り感のある雰囲気が溢れています。

子供たちが思いっきり遊べ、発想や好奇心を思いっきりぶつけられる公園…こんな公園見たことがな

Week 3

> " もう一度戻ってきて、
> 思いっきり遊ばせてあげたいと
> 思った公園です。 "

い！ 結構衝撃を受けました。「でも…子供たちにそんなことをさせたら危険なんじゃない？」とも思いますよね。この公園は、開園時間中はスタッフが何人かいて、子供たちと一緒に遊びながら見守ってくれているんです。また、寄付によって運営されていて、金銭的な寄付以外にも遊具などの寄付も受け付けています。私たちがいる間も、ある男性がキックスクーターを持ってきて寄付されていました。

この時のプリンはまだ一人で立つこともできなかったので、いつか大きくなったら、また戻ってきて、思いっきり遊ばせてあげたいと思った公園です。

Week 3

Library
メルボルン人の日常に溶け込む歴史ある図書館

> " 歴史が
> 日常の一部であり続ける姿が
> 素敵だと思いました。"

メルボルンにはいくつかの図書館があり、中でもState Library Victoria（州立図書館）は、シティのおすすめスポットの一つ。1854年に設立され、オーストラリアで最も古い公共図書館です。街の発展、コミュニティの活性化のために知識の提供は必要不可欠だという考えのもと、「A people's university」（人々の大学）としてこの図書館ができたそうです。

私たちが滞在していた時期は、メインの入り口が工事中で、裏の小さな入り口からしか入れませんでした。だからこそ、中に入ったらびっくり！ 薄暗い廊下を通り抜けると、モダンな雰囲気のカフェとショップがあり、図書館の堅苦しい雰囲気を一気に和らげてくれます。沢山の人が作業をしたり、打ち合わせをしたり、程よく賑やかな空間。プリンがお昼寝をしてくれたので、フラット・ホワイトを頼んで一息入れました。

奥に入れば入るほどこの図書館の歴史を感じます。カフェから入るRedmond Barry Reading Roomは、2階まで吹き抜けになっている大きな部屋で、集中して作業ができる間仕切りデスクもあればグループで座れるテーブルもあり、色んな用途に使える贅沢なスペース。更に奥に入るとアートギャラリーがあり、その先に6階まで吹き抜けになっているドーム型の La Trobe Reading Roomがあります。初めて入った時は、本当にびっくり！

シティのど真ん中という最高のロケーションにこんなに充実した図書館があるなんて！ 外からも入り口からすらも想像できないぐらいゴージャスです。昔ながらの緑のランプがまたいい味を出しています。

そんな歴史あるReading Roomなのですが、各デスクにはしっかりと電源の差し込みがあることに感心！古い建物にもかかわらず不便なく活用できる状態にすることによって、今も歴史が日常の一部であり続ける姿が素敵だと思いました。

この図書館に素敵なキッズスペースがあると聞いていたので、プリンと二人きりの初日に早速行ってみることに。でも、なんとリノベーション中！ものすごく楽しみにしていたので、がっかりでしたが、セキュリティの方がCity Libraryにもキッズエリアがあることを教えてくれて、そちらに向かうことにしました。

City Libraryは思った以上に地味でしたが、州立図書館にはない居心地のよさがありました。キッズエリアも小さめで、遊べるスペースはありませんが、赤ちゃんが楽しめるハードカバーの本が意外と多くプリンと楽しめました。今回は3ヶ月の滞在ということで荷物が多かったのでプリンの絵本は一冊も持ってきていませんでした。買ってしまうと持って帰るのが大変だし、図書館で借りられたらいいな！

と思い、ビジターでも図書カードを作れるか聞いてみたら、short-term membershipという3ヶ月間有効のものがあり、住所がなくても本人確認書類さえあれば発行可能とのことでした。アメリカでも短期滞在のメンバーシップがある図書館はありますが、住民ではない場合は登録費が掛かることが多い印象です。ただの観光客が無料で図書カードを作れるのはすごくフレンドリーだなと思いました。メルボルンは移民が多いからなのか、特にシティは外国人を受け入れる体制がとても整っていると感じました。

Week 3

Dukes Coffee Roasters
活気溢れる都会のカフェ

プリンとCity Libraryに向かう途中で、「あ、確かこのカフェ有名だよね」とDukes Coffee Roastersのさりげない看板が目に入りました。Dukesは、Flinders Laneにある行列のできる狭い立ち飲みコーヒー屋さん。観光客が多いエリアなのですが、ビシッと決めた現地のビジネスマン・ウーマンが沢山いて人のにちょっと敷居が高いお店です。プリンがまだお昼寝中で、ちょうどこの日はあまり混んでいなかったので入ってみることに。

並んで待っていた時に、下のショーケースにたまらなく美味しそうなキャロット・ケーキがあったので、フラット・ホワイトのお供に頼んでみることに。海外のカフェでは、注文の際に名前を聞かれることが多く、ここでももちろん名前を聞かれました。スタバなどではオーダーが出来上がった際に名前で呼ばれるのですが、ここでは伝えた後に、"$10.11 Chika"とすぐに名前で接客をしてくれました。受け渡しの際に名前を呼ばれるのは日本の接客からするとフレンドリーに感じるかもしれませんが、アメリカなどでは当たり前になりすぎてただの業務の一部。でも、Dukesのように注文の流れの中でわざわざ名前で呼んでくれると一気に親近感が湧きます。

テーブルは窓際に2台のみで、あとは立ち飲みのカウンターだけ。注文を受け取ってカウンターでケーキを食べようと思ったら後ろから「ちかさんですか？」という声が。このお店のマネージャーのMakoさんが声をかけてくれました。カフェでバリスタをされている方とはよくお会いしましたが、マネージャーをされている方は初めて。とても忙しそうだったのでゆっくりはお話しできませんでしたが、その後テーブルが空いたことをわざわざ教えにきてくれました。決してゆっくりできるカフェではないですが、賑やかで活気溢れる都会の雰囲気がすごく好きでお気に入りのカフェの一つになりました。

　何度も行ったのでマネージャーのMakoさんとも仲良くなり、インタビューで色々とお話を聞く機会もありました。Makoさんは、もともと日本で看護師の仕事をされていて、海外に住むことなんて一度も考えたことがなかったみたいです。人生って本当に何があるかわからないですね！　たまたま知り合いに誘われた京都外国語大学のパーティーで英語に触れる機会があり、その体験に刺激され翌日英会話カフェに行くことに。それが英会話の始まりだったそうです。Makoさんはいま、日本で出会ったオーストラリア人の旦那さんとメルボルンに住んでいるのですが、Makoさんがちょうどキャリアの次のステップを色々と考えていた時に彼がオーストラリアに帰国することになりました。そんなタイミングときっかけから外国の医療業界に興味を持ち始めました。

　ワーキングホリデーでオーストラリアに行くことを決意したのですが、いざ現地に行ったら英語の壁にぶつかり、医療系のお仕事なんてそう簡単には就けませんでした。最初は、会話がほとんどないキッチンハンド（皿洗い／下ごしらえ）から始めたそうです。「キッチンハンドから始めました」、何回聞い

たセリフだろう？？　もうワーホリあるあるですよね。というのも、オーストラリアに行って初めて気づいたのが、ワーキングホリデーを使って海外に行く人は決して語学目的だけではなく、旅目的の方も沢山います。要は、英語圏からのネイティブスピーカーも結構いるんです。それは、仕事を探すのも大変！ウェイターのように会話量が多いポジションは、英語が話せる人がどうしても雇われがち。そうするとどうしてもキッチンハンドなど、裏方の仕事になってしまいますよね。

　それだけ言葉というものは大事なのですが、それがすべてではありません。当初は、会話が少ないという理由でキッチンハンドの仕事をしていたMakoさんが、今は何人ものバリスタを束ね、スケジュール管理以外にモチベーション管理など、最もコミュニケーションが必要な立場でバリバリお仕事をされています。オーストラリアの方ではない人がマネージャーになるのはMakoさんが初めてみたいです。もちろん、いきなりマネージャーになれた訳ではなく、オーストラリアでのワーホリからカナダやフィンランドでの生活も経て、日常で困ることはないほ

Week 3

どの英語力が身についてからのことです。

「でも、未だに英語の壁を感じることはありますし、困ることも、悩むことも、傷つくこともあります。Dukesには、ネイティブ英語を話すバリスタの方も何人もいます。むしろ、第二言語として英語を話す人の方が少ないです。自分が接客する時、口数の少ないお客さんが別のバリスタと楽しそうに会話をしている姿を見ると、悔しい気持ちが湧き上がってくることもあります」とMakoさん。そんな中、「なぜ私（Makoさん）がマネージャーに選ばれんですか？と聞いてみたら、『ポテンシャルを感じたから』と言われた」と照れながら話してくれました。

ポテンシャルを感じるということは、スキルに加えて努力と真面目さを感じるからだと思います。仕事を探すのが大変だからこそ、もらえた仕事はなんであろうがしっかりやる、とMakoさんが話してくれましたが、その日々の仕事への意識がマネージャーというステップアップのチャンスを生んだのだと思います。

私が好きな格言で"Luck is where preparation meets opportunity（幸運は、準備と機会の巡り会い）"というものがあります。今があるのは運ではなく、チャンスが来た時に準備をしていたからなんです。Makoさんだけではなく、Market LaneのToshiさん、ST. ALiのShinさん、メルボルンで活躍されている方々とお話しして、まさにこの言葉を表しているなとしみじみと感じました。

Makoさんは、いつか医療系の仕事にも戻りたいと思っているみたいですが、マネージャーという立場に昇格し、別の業界で人の上に立つポジションを経験することに今はやり甲斐を感じているそうです。

Week 3

Flagstaff Gardens

大都会のど真ん中に永遠と続く緑

> " 私たちが肌で感じた
> メルボルン生活の豊かさは
> そのような歴史によって
> 生まれたものでした。 "

子供たちが作ったSkinner's Adventure Playgroundに行った翌日は、シティ内にあるFlagstaff Gardensという公園に行ってみました。都会のど真ん中なのに無限に続く緑。この広さにびっくり！人も少なくてほぼ貸し切り状態。

メルボルンのCBDは16㎢あり、約3分の1が公園やガーデンなどのオープンスペースといわれています。今でもシティに残っている多くの緑は、1850年代にチャールズ・ジョセフ・ラ・トローブという方がメルボルンの知事を務めていた時に市民が娯楽や休養に使えるようにパブリック・スペースとして確保されたものです。ラ・トローブ？ どこかで聞いたことがある名前だな〜と思ったら、State Library Victoriaの立派な吹き抜けのドームがラ・トローブ・リーディング・ルームと呼ばれていました。

実は、このラ・トローブ氏、宗教や文化、教育機関を強く支持しており、State Library Victoriaを図書館だけではなく美術館とギャラリーを併せた施設にすることを推進した人物だとか。その他、オーストラリアのユニークな植物を楽しめるボタニカル・ガーデンやメルボルン・クリケット・グラウンド、メルボルン大学も彼の尽力によって設立されたらしいです。私たちが肌で感じたメルボルン生活の豊かさはそのような歴史によって生まれたものでした。

Flagstaff Gardensの奥に行くと子供たちのエリアがあり、そこに今までに見たことのないブランコがありました。写真ではわかりにくいかもしれませんが、五角形のフレームでみんな向かい合うスタイル。なるほど！確かに向かい合った方が楽しそう！と思いましたが、なかなか思いつかないアイディア

Week 3

で斬新でした！ブランコは並んで漕ぐもの、そんな固定観念にとらわれて、他の可能性なんて考えもしないですよね。車椅子用のピクニックテーブルは、ベンチが短くなっていてより一緒に座っている感があるような設計。横に停められるように端が長めになっているものはたまに見かけますが、このようなものは初めてでした。違う国に行くと街中のちょっとしたものにハッとさせられ、クリエイティブな刺激になりますね。

しばらく公園でのんびりし、そのあと買い物に行こうとFlagstaff Gardensを出たのですが、気づいたら人の流れと逆行して歩いていました。それも、ものすごい勢いで街の人々が駅に向かっていたのです。どうした?? と思って時計を見たら17時10分。17時に仕事を終えてみんな早速帰宅。オーストラリアのワークライフバランスの良さを一瞬で感じました。公園なり図書館なり、職場なり、メルボルンの生活の豊かさは色んな場面で実感できます。

> 違う国に行くと
> 街中のちょっとしたものに
> ハッとさせられ、クリエイティブな
> 刺激になりますね。

DAILY SNAPS

Tom & Eva

Twelve Apostlesの近くにある
Loch Ard Gorgeという入り江。
ここもまたドラマチックなスポット！
1878年に移民船がこの場所で沈没し、
生き残ったのはたった二人だけ。
入り江の両側にある奇岩壁は、
生存者のTomとEvaと
名付けられています。

Peko Peko

滞在していたAirbnbの近くを散策していたら
Peko Pekoというお店を発見。
日本食かと思いきやモダン中華でした。日本語のネーミングで
実は中華というレストランがなぜか結構ありました。
ここのチャーハンと clear soupがめちゃくちゃ美味しくて、
Uber Eatsでも頼んでしまいました。

No ice!

オーストラリアの飲食店で気になったのが
お水が必ず常温ということ！ 体にはいいのかもしれませんが、
冷たいお水が好きな私としてはなんてぬるいんだ～
といつも思いましたw。少し調べてみたらイギリスも
氷水を飲む習慣がないみたいです。

19世紀ごろイギリスでは氷を保存するアイスボックスが
北米のように普及していなかったため、
氷はアメリカやカナダから輸入していたらしく、
当時はデパートで高い値段で売られていたとか！
そのような背景から氷は贅沢なものとして扱われ、
未だにお水に入れる習慣がないみたいです。
ある記事にイギリスでお水に氷をお願いすると
わがままな客だと思われると書いてあったのですが、
オーストラリア人の友達のゴードも同じようなことを言っていました！

Expensive, but good!

ビタミンや栄養素が摩擦熱で失われないように
低温低圧圧縮方式でジュースにする手法の
「コールド・プレス」。アメリカでも大人気で
オーストラリアでもよく見かけました。
一本800円～1000円ぐらいする
高級ジュースですが、
スイカジュースが好きすぎて
買ってしまいました。美味しかった！

Week 3

Steel straws!

早速2度目のST. ALi。コーヒーシェイクを頼んだら、刺さっていたストローが金属製でびっくり！最近は環境のためにプラスチックのストローが禁止されている場所も多く、紙製、あるいは海藻でできたストローを使ったりしています。フォークやスプーン、ナイフなどはシルバーなのに、なんでストローは今までプラスチックだったの?? と思うぐらい、「確かに！」的な発見でした。ちなみに、金属製のマイストローが最近流行っているらしく、口紅でグラスが汚れないように女性がバーやクラブに持っていくそうです。

Bright white!

海外の真っ白の壁、真っ白のシーツが好き。

セロリがでかい！セロリ大好きなおさるさんが大喜び！シャキッとして本当に美味しくて毎晩のようにセロリスティックを食事前のおつまみとして食べていました。

Gigantic celery!

Pudding's Growth
（プリンの成長）

下の歯に加えて上の歯も生えてきた！笑顔の雰囲気がガラッと変わり始めました。頭に掛けているのは、私たちのお気に入りの授乳ケープ。布が柔らかくて、プリンが抱っこ紐でお昼寝をする際によく被せてあげていました。

Exhausted!

VR動画を確認しながら寝落ちしてしまったおさるさん。こんな巨大なゴーグルを掛けた状態で普通寝られる?!

Week 4

MON	TUE	WED	THU
3/4	3/5	3/6	3/7

TOURS REGISTRATION!

プリンのスイミングスクールとデイケアの見学！普通の旅行ではなかなかしない申請作業など、ちょっと新鮮でした。

LUNCH WITH A FRIEND

CA友達がフライトでメルボルンに！シティの人気店 Higher Groundでランチしました！ヘルシーすぎてお腹がすぐ空き、ST.ALiでまたランチを食べるというw。

MOONLIGHT CINEMA

公園で映画鑑賞！高校生時代から大好きだったGreaseというミュージカル映画を見ました。外なのでプリンももちろん一緒に☆ママになってから初めての映画鑑賞！

WORK DAY

P82

70

Enjoying the Melbourne summer!

メルボルンならではの夏を堪能！

FRI
3/8

SHOPPING AT THE MALL

プリンと二人の時に見つけたモールにおさるさんを連れていきました！買い物後の食事はアメリカでもよくいくDin Tai Fungで！

SAT
3/9

LUNCH WITH A FRIEND & THE MOOMBA FESTIVAL

数年前シドニーでのYouTubeイベントで知り合ったメルボルン出身のお友達と再会！

夕方はメルボルンで最も大きいお祭りに立ち寄って、規模のすごさに圧倒されました。

SUN
3/10

WORK DAY

P88

Vlogs

理想すぎる日常！
芝生で映画鑑賞!非日常が日常なメルボルン♪（#762）

オーストラリアの保育園! 10ヶ月の娘が通っているデイケア!（#782）

私たちのとある1日 in メルボルン娘のスイミング、仕事、買い物、かなり盛りだくさん〜!（#785）

メルボルンのモールでお買い物ショッピングからディナーまで☆ 充実した施設で大満足（#799）

Week 4

Swimming Lessons
歴史ある建物でベビースイミング！

VR制作が落ち着き、おさるさんも日本への一時帰国から戻り、生活が少しずつ落ち着き始めたので、プリンのスイミングスクールやデイケア（保育園）の見学に行きました。翌週からCBDという中心街に引っ越す予定だったので、引っ越し先の近くのプールに通おうと思い、Google Mapsでプールを検索したら、Melbourne City Bathsというちょっと不思議な名前の建物が出てきました。Bath? お風呂？と思いながらクリックすると、ものすごい建物が！

こちらは1860年に浴場としてできた建物です。一般の家庭にお風呂がなかった当時、街の人々はヤラ川を浴場として使っていたのですが、川の汚染がひどく腸チフスが流行してしまったのがきっかけでMelbourne City Bathsができたそうです。

三角形の敷地に建つこのユニークなデザインは、コンペで優勝したある建築家によるものらしいです。20世紀前半はとても賑わっていたこの浴場ですが、メンテナンス不足で1940年代頃からどんどん劣化し、1956年のメルボルン・オリンピックがきっかけで市民プールなどが一気に増えたこともあり、閉館となりました。1970年にこの建物を取り壊す計画があったようですが、今はスパやサウナ、ジムやスカッシュコートなどが新設されリノベーションされ

た状態で営業しています。

今から100年以上も前の1904年に完成したこの建物は、プールに入らずともメルボルン観光で訪れたい場所の一つです。でも、中に入るとごく普通の市民プール。現代の生活に自然と溶け込んでいる感じが逆にいいのかも。州立図書館と同じく気軽に入れる雰囲気でした。フレンドリーなスタッフの方がレッスンのスケジュールを紹介してくれて、早速週一回のレッスンを申し込みました。

初日は誰が先生なのかもわからず、プリンとプールに浸かって待っていました。今日で5回目だというパパさんと「How old?」などのベビー関連small talkをしていたらプールの反対側から迫力のある女性がやや低めな声でキッズソングを歌いながら近づいてきました。「If you're happy and you know it, clap your hands♪」と挨拶も何もなく歌でレッスンが始まりました。ボールをプールの反対側に投げて追いかけたり、先生がマットで作ったちょっとしたトンネルをくぐったり、こぢんまりとしたグループレッスンで、ママさんやパパさんが赤ちゃんを抱きかかえ、歌を歌いながらちょっとした水遊びをするというものでした。そして最後も特に話はなく歌で終わりました。

オーストラリアの方はとてもフレンドリーですが、イギリスやヨーロッパ文化が強いからなのか少し控え目な感じがしました。アメリカのようにいきなりベラベラ話しかけてくることはあまりなかったです。レストランのウェイターさんたちはアメリカほどフレンドリーではないけれど、それが日本人にとってはほど良い距離感なのかも…。実は、数年前にアップしたゴールドコーストの女子旅のvlogでも同じようなことを言っていましたね。

おさるさん：コーチがプールサイドに座っていたあるパパに何かを言いました。何を言っているのかよくわからなかったのですが、口調から察するに、何かを注意しているような雰囲気でした。そして、注意された男性は、何やら気まずそうにスマホをしまいました。

スイミングレッスンは、映像の撮影が禁止となっていたので（だからこちらにも写真がありませんw。想像でお願いします！）、そのパパが動画を撮影していて怒られたのかと思っていましたが、ちかが後から教えてくれたところによると…スマホをいじっていることにより、子供から目を離してしまっていることを注意していたようです。

赤ちゃんのクラスは、パパかママが一緒にレッスンを受けるので、プールサイドでもう一人の保護者が目を離そうが危険はないのですが、プールでは子供から目を離さないという習慣をつけるために、今からそうするようにと促したのでした。コーチがその視点で保護者を注意するという場面を目の当たりにして、びっくりしました。歌いながらもあまり笑わないちょっと怖いコーチでしたが、子供をしっかりと守るということに徹底している姿勢は素敵でした。

たまたまその時は、僕はスマホをいじっていませんでしたが、手持ち無沙汰な時などはスマホをいじってしまいます。自分も気をつけなければならないと、メルボルンのプールサイドでハッとwake upされた出来事でした。

" プールサイドで
ハッと wake up された
出来事でした。 "

Week 4

Amazing Day Care for Pudding

メルボルンの素敵な保育園

> " こんなところで育ったら
> そりゃセンスも良くなるわ〜！
> と思いました。 "

プールの申し込みをした日にプリンのデイケア（保育園）の見学もしました。こちらもプールと同じくGoogle Mapsを使ってCBDにあるものを検索しました。まずは、検索結果に上がってきたいくつかのデイケアをクリックして出てくる画像を見ていたのですが、あるデイケアの室内が素敵すぎてびっくりしました。

日光がたっぷり差し込む巨大な窓が並び、真っ白に塗られた配管がむき出しの天井。まるでおしゃれオフィスのようなスペースに木製のアスレチックや砂場がありました。なんだこの保育園?! とびっくり。見た目がすべてではないですが、これだけ室内にこだわっているデイケアはきっと教育方針にもこだわっているだろうと思い、色々と調べてすぐに見学を申し込みました。

場所は、CBDのオフィスビルが並ぶCollins Street。こちらのデイケア自体もオフィスビルの中でした。ビシッと決めたビジネスパーソンたちが出入りする回転ドアを通り抜けるとアートなどが展示されているだだっ広いロビー。この先に素敵なデイケアがあるなんて誰も思わないようなところです。

到着すると、とても気さくでフレンドリーなマネージャーの方が施設を案内してくれました。ベビーエリアに入ると、なんて可愛いスペース！ まるでお友達家の

リビングに入ったかのような温かさ。お昼寝中の赤ちゃんたちのために照明は消されており、クリスマスライトがところどころに吊るされていました。保育園でイメージする、赤、青、黄色のような子供っぽい色は一切なく、センスに溢れる空間でした。こんなところで育ったらそりゃセンスも良くなるわ〜！ と思いました。

ベビークラスはTiny Explorersといい、天気がいい日は「excursion（ちょっとした旅）」に出かけます。でも、室内でもしっかりアクティブに遊べるようにindoor playgroundがありました。こちらのスペースはなるべく外の気温と同じになるよう窓で温度調節されているとのことでした。天気が悪い日でも自然を感じられるように工夫されていたのです。

スタッフや先生は制服はなく、みんな着心地の良さそうな私服。その自然な様子が、まるで子供を親戚に預けている感覚にさせてくれます。このデイケアのセンスの良さ、そして温かさに一瞬で惚れてしまい、プリンをここに通わせたい！と思いました。

旅行にしては長いけれど、生活としては決して長くはない3ヶ月という期間でデイケアに入れられるか少し心配していたのですが、受付の方と話したら支払いはマンスリーなので、必要な予防接種を受けてい て、クラスに空きさえあれば1ヶ月単位で入園可能とのことでした。1歳までに必要な予防接種は、日本もオーストラリアも一緒なので（日本はBCGが追加であります）基準はすでにミートしていましたが、医師の証明書が必要でした。ネットで見つけた近くのメディカルセンターに電話し、「Hi, I'm visiting for 3 months from Japan」と話し始めたら「日本人の方ですか？」と日本語で聞かれてびっくり。この医療機関にはたまたま日本人の先生と受付の方がいたんです。予防接種の話も早く、すぐにメモを書いてくださいました。

申し込み用紙には基本情報以外に子供のポテンシャルを活かす学びを提供するために「お子様の興味、知識、強み」や「ご家族の週末の過ごし方」、「ご家族のお仕事、特技、趣味」「ご家族の文化、価値観、宗教観や言語」「ご両親がデイケアで得てほしいこと」などを教えてくださいと書かれていました。

正式に入園する前にオリエンテーションが2回あり、子供を環境に慣れさせるために数時間だけ親と一緒にデイケアにいるという内容でした。1回目は、訳がわかっていなかったのでおもちゃに向かって早速ハイハイ。「通常は親御さんにいてもらうのですが、大丈夫そうなので数時間後に来ていただければ結構ですよ」と言われ出て行ったのですが、戻るともちろん泣いていました。でも、先生は温かく「ちょっとずつ慣れていくし、親御さん、そしてこの子が必要なケアをしっかりするので、心配ないですよ」と安心させてくれました。その後、預ける際には必ず泣いていましたが、4回目ぐらいからは私たちがエレベーターホールに出るともう泣き止んでいました。

素敵なインテリア以外にこのデイケアで印象的だったのは、なるべく親を楽にさせてあげようという仕組み。オムツ、ミルク、離乳食など、着替え以外はすべて保育園側が用意してくれます。食事はオープンキッチンでシェフが栄養を考えて作ってくれていました。イースターの時は、イースターブレックファストに招待され、シェフが素敵なケーキを用意してくれました。その発想も豊か！メロンでうさぎちゃんを作ってくれました。

> その自然な様子が、
> まるで子供を親戚の方に
> 預けている感覚にさせてくれます。

Week 4

> ママは
> 人それぞれですよね。

親と先生とのコミュニケーション用に専用のポータルサイトがあり、こちらのサイトでは、先生たちが書いた日々のブログを読めたり、チャットで先生に気軽に連絡できたりしました。ある日、迎えに行った際に写真を見せてくれたので、その夜、それらの写真を送ってもらえないでしょうかとチャットで連絡したらすぐに返信があり、プリンが偉そうにパスタを食べている様子や大量の葉っぱで遊んでいる様子の写真が送られてきました。

ある金曜日の夜、プリンを迎えに行った際にエレベーターにちょっとセクシーなカクテルドレスにピンヒールを履いている女性が乗り込んできました。エレベーターはオフィスで働く人々とシェアしているので、仕事帰り遊びに行くんだなと思っていました。そしたら、私たちが1階でプリンをベビーカーに乗せようとしていたら、その女性が片手に赤ん坊を抱いて、ベビーカーを押している旦那さんと出てきました。え?? ママだったの?! おそらく金曜日の夜で、子供たちをシッターさんに預けてパーティーの予定があったのかと。「ママらしい」とか「ママらしくないと」いう表現をしますが、ママらしさって何？ ママは人それぞれですよね。

デイケアでママを見かけることももちろんありましたが、送り迎えはパパの方が多い気がしました。オーストラリアのパパは育児にかなり参加すると聞いていましたが、イースターブレックファストにもパパが多くて本当にそうなんだなと感じました。WEEK 7で紹介させていただくMelbourne Museumのプレイエリアでも小さい子供たちを連れてプレイデートをしているパパを二人見かけました。

こちらのデイケアのおかげで海外でも安心してプリンを預けることができ、プリンも後半はだいぶ慣れて、夕方になっても機嫌よく一人で遊んでいたりしました。

Week 4

Summer-time fun!

楽しい野外イベント！

> " この自然体で
> ラフな感じが
> いいですよね。"

Moonlight Cinema

1週目に行ったSaturday Night Symphonyをきっかけに他にもイベントを探してみたら公園で映画鑑賞ができるMoonlight Cinemaというものを見つけました。まず、ネーミングがいいですよね！

レディー・ガガ主演の「A STAR IS BORN（アリー スター誕生）」やフレディ・マーキュリーの生涯を描いた映画「BOHEMIAN RHAPOSDY」などその時の最新作の上映もあるのですが、私の目に留まったのは1970年代のミュージカル映画「GREASE」。ジョン・トラボルタとオーストラリア出身のオリビア・ニュートン＝ジョンが出演している高校生のラブストーリーなのですが、アメリカでは学校の演劇部が発表する作品の定番です。昔から大好きな映画だったので、Moonlight Cinemaの上映スケジュールに入っていてかなりテンションが上がりました。おさるさんもミュージカル好きで、音楽ベースであれば字幕がなくても楽しめると思いチケットを購入！

Moonlight Cinemaは、私たちが泊まっていたAirbnbから徒歩15分のボタニカルガーデンで夏の期間はほぼ毎日開催されています。珍しい植物を見ながら開催場所までお散歩気分で向かうのですが、目の前を歩いていた人たちは大きなブランケットを持参。しかも、ベッドから引っ張り下ろしたかのようなw。この自然体でラフな感じがいいですよね。

会場は、自由席エリアと前のプレミア席で分かれていました。私たちはプレミア席のチケットを買ってみたのですが、こちらは特別なベッドがあり、飲み物も食べ物も席から頼めるようにサーバーの方がいました。隣にはワンちゃんを連れたカップルがいたり、奥にはおしゃれなピクニックセットとピザを持ち込んで食べていた家族がいたり、それぞれ自分たちなりの楽しみ方で参加していました。ピザを持ち込んでいた家族は、ママがピザを出した瞬間、近くで遊んでいた男の子二人が駆けつけてきましたw。ピザパワー！

映画は最近流行りのsing-alongタイプで、皆で歌を歌えるよう、カラオケのように歌詞のテロップが流れるようになっていました。思ったほど誰も声を出して歌っていませんでしたがw。優しい夜風を感じながら映画を観られるのは最高！ 開始時間が20時だったのでプリンはかなり早い段階でパパとママに挟まれて寝ました。

映画自体ももちろん楽しいのですが、映画が終わった後、再びボタニカルガーデンを歩いて帰るのがまたいい感じ！ 帰る頃には真っ暗ですが、ちょっと夜更かししている感じが楽しくてw。映画のジャンルにもよりますが、「GREASE」のような楽しいミュージカル映画だと一緒に歩いている周りの人たちの雰囲気も明るくて、頭の中でエンドロールの歌がずっと流れている感じです。ぐっすり寝ているプリンを抱っこ紐で抱え、メルボルンの涼しい夏の夜を満喫しながらおさるさんとゆっくり家まで歩いて帰りました。

Moomba Festival

CBDで友達のAJとランチをした後、ヤラ川を渡って散歩がてら帰ろうと思ったら川の向こう側に遊園地らしいものが見えました。「あれがMoomba Festivalか!」とイベントカレンダーに書いていた情報を思い出しました。「Moomba Festival」は、オーストラリアで最も大きいお祭りで、1955年からLabour Day Long Weekend (労働者の日の連休) に開催され続けています。初めて開催された年は、15日間にもわたるイベントだったらしいです。Moombaは、アボリジニの言葉で、「Let's get together and have fun!」「みんなで集まって楽しもう!」という意味。

週末中どこかで立ち寄ってみたいと思っていたので、早速覗いてみることに。大きな丘を降りて近づいて行くと、不思議なぐらい人の気配がなく、オーストラリア最大のフェスティバルにしては人が少ないな〜と思っていたのですが、実は、このお祭りが巨大すぎて人が少なく見えただけだと後から気づきましたw。

乗り物やお祭りゲームが並ぶカーニバルエリアに入ると、かなり賑やか。そして、イベントマップを見るとものすごい面積を占めていることがわかりました。川の北部にも南部にもカーニバルがあり、ヤラ川ではウォータースキーやウェイクボードの大会が行われていました。

Week 4

それにしても、仮設だとは思えない乗り物の規模！連休とはいえ、4日間で終わってしまうフェスティバルのためにこれだけの演出をすることにびっくりしました。そして、乗り物のクオリティが高かったのはもちろん、乗り物やゲームを運営していたスタッフの方々のMC力もすごかった！盛り上げ上手！おさるさんと二人でチャレンジした輪投げゲームを回していた女性は、力強い声で「Grab your lucky buckets at the front!! One ring on any bottle wins a prize! Winner, winner, winner!!」と思わず立ち寄って挑戦してみたくなるような呼びかけでした。私もおさるさんも見事に全部外れましたけどねw。

カーニバル以外にステージで音楽のパフォーマンスやパレード、そしてイベントが開催される木曜日から日曜日の間は、毎晩花火が上がり、メルボルンのカラフルな夜景を更にゴージャスに仕上げてくれます。そしてなんとその景色を自分たちの「家」から楽しめるという贅沢すぎるお祭りでした。

Week 4

Baby-friendly shopping!
綺麗でベビーフレンドリー！
メルボルンの高級モール

おさるさんが日本に帰国している間にプリンと二人で出かけて見つけたEmporiumというモール。お客さんの8割はアジア人だと言われているのですが、まるで日本の商業施設で買い物をしている気分になります。とても綺麗で買い物しやすくて滞在期間中に何度も行きました。

この日は、ベビーカーを借りてみることに。プリンはベビーカーやカーシートなど、縛られるのが何よりも嫌いなのですが、なぜか商業施設やスーパー、空港のベビーカーには結構座ってくれるという…ということでベビーカーは持参せず、モールのコンシェルジュで借りることに。

ベビーカーはすぐに持ってきてくれたのですが、貸し出しのチケットの発券にものすごい時間が掛かってしまいました。コンシェルジュの方曰く、新しいシステムが導入されて使い方に戸惑っていたとか。結局20分以上待たされました。対応は日本っぽくとても丁寧で申し訳なさも伝わってきたのですが、日本では絶対ないなと思ったのが、やっとうまく発券された時にもう一人のスタッフの方が Well done! と褒めたことw。こういうところが海外の面白さでもあるのですが、20分待たされた側からすると、Well done! じゃないよ！って感じでした。ご機嫌だったプリンもぐずり始めて、さっきの20分を返して!!と思いながら、スタッフの方々のポジティブさに笑ってしまいました。

このモールで最も印象的だったのが、エレベーターの横に貼られていたフロア案内。各階にAustralian Designers という表記があったのです。しかも、2階は国内のブランドのみのフロア。別のページでも触れましたが、オーストラリアの国産愛の強さがひと目でわかります。2階の国産ブランドを見にいくと、可愛いお店ばかり！なかでも、SEEDというお店はベビー服が可愛くて、プリンの洋服を買いに何度も行きました。

自分用の洋服でお気に入りになったオーストラリア・ブランドは、sass & bide。1999年に会計士とアートディレクターを務めるオーストラリア人女性の二人が立ち上げたブランドで、当初は、アウトレットで買ったデニムを自分たち好みにアレンジし

て、ロンドンのポートベロー・マーケットで売っていたとか。その後、たまたまニューヨークで「SEX AND THE CITY」の撮影現場を通りかかった創業者の一人が、自分たちがデザインしたジャケットをセキュリティーの方に渡したら、なぜかそのジャケットがSarah Jessica Parkerの手元に。翌日、二人はSarah Jessica Parkerのトレーラーに招待され、そこで自分たちのデザインを紹介することに。いくつかのアイテムが「SEX AND THE CITY」の衣装として採用され、そこから知名度が一気に上がり、最近ではビヨンセ、マドンナ、リアーナなどの大スターも着ているそうです。

「SEX AND THE CITY」に出るぐらいですからパーティー用の派手なものが多く、着る機会がなさそうなものばかり。カラフルでおしゃれなデザインに魅了されていつも入るのですが、なかなか購入に至らずにいるのですが、滞在の後半でDFOというアウトレットモールでこのお店を見つけ、最後の最後に爆買いw。セールだったら買ってみてもいいかな！ とそのまんまアウトレットの罠にハマってしまいましたw。

ショッピングだけではなく、食事にもEmporiumをよく使っていました。フードコートは、天井が高く、ガラス張りで、まるで空港のようなデザイン。メルボルンの建物の面白いところは、内装が外観からは予想できないこと。建物自体はとてもユニークなものが多いのですが、密集しているということもあって、外からはガラス張りになっているとかドーム状になっているなどがほとんど見えないんです。そして、商業施設などはエントランスがあまり大きくなく、意外と地味なので、中に入るとまさかこんなに立派だとは！と思うような建物ばかり。

このフードコートでよく食べていたのがフォー。前半のAirbnbの時は、目の前にお気に入りのフォー屋さんがあったのですが、シティに引っ越ししてからはpho cravingをここで満たしていました。でも、phoより美味しかったのはここのライチドリンク。ライチが5つぐらいゴロゴロと入っていて、最後に果肉を食べるのが最高の楽しみでしたw。メルボルンはとにかくアジアン料理が多くて嬉しい！

食事はフードコートだけではなく、Din Tai Fungという小籠包のお店にもよく行きました。Din Tai Fungは日本も含めて、世界展開しているチェーン店で、海外に行くと必ず1回は行きます。国によってお店のテイストが違って、メルボルンのはMujiがプロデュースしたのかな？と思うようなナチュラルな内装でした。

海外のレストランは大きいお店が多いので、ウェイターやウェイトレス以外に受付やテーブル案内を担当するホステスがいます。メルボルンのDin Tai Fungのエントランスにもホステスの方がいたのですが、テーブル案内はせず"This is your table."と赤ペンでテーブルの位置がマークされてたレストランマップを渡されて、自分でダイニングホールに進んでいくというスタイル。テーブルの近くには別のスタッフが待っているのですが、そこまでをわざわざ案内する人がいないという、とても合理的なやり方で新鮮でした。どの国の店舗も常に混んでいる超人気店（シアトルのDin Tai Fungもいつも1、2時間待ち）なだけに、回転率を上げるために色々と方法を変えているんですね。

最後に、長い時間赤ちゃんと出かける時、やはり気になるのはオムツ替え。その点では、このような商業施設はとても便利。綺麗なベビールームがあり、広々としたオムツ替えと授乳用の個室がありました。個室の外には子供たちがちょっとしたゲームができるスペースも。オムツ替え台が斬新で、普通の真っ白なカウンタートップに赤ちゃんを寝かせる部分が窪んでいて、ベルトもありません。布やポリエステル素材のオムツ替えシートは滑りまくって仕方がなく、オムツ替えの際に特に激しく動き回る月齢だったので、ちょっと大変でした。おしゃれと実用性のバランスは難しい。その他、離乳食を温めるための電子レンジと簡易的なミルクウォーマーはあるのですが、調乳用のお湯はありませんでした。その代わり（？）授乳室にはスマホの充電パッドや外のプレイエリアの状況を確認できるテレビモニターが装備されていました。同じベビールームでも国によってこだわるポイントが違うのが面白いですね。

DAILY SNAPS

Post-swim coffee!

プリンが通っていた
Melbourne City Bathsの1階に
Pool Houseというカフェがあります。
青いポットとコーヒーカップが印象的。
ゴールドコーストのvlogでシェアしたカフェ、
Chocolateria San Churroを思い出す〜。

Sushi!

Emporiumにあるギフト雑貨の
pigeon holeというお店に飾られていた
sushi グッズ🍣

Adorable Latte!

人気のおしゃれカフェHigher Groundで
フラット・ホワイトを頼んだら、こんな可愛い子ブタちゃんが！
なんとバリスタの方がちか友でした❤️
Thank you!!
（通常はブタじゃないです！）

Week 4

Japanese?
Moonlight Cinemaに行く前に立ち寄った
イタリア人経営の日本食レストラン。
インテリアが斬新！
外国の方目線の日本が見られるのは面白いですね。

work! work! work!
カフェのスナップばっかり！
まあ、メルボルンですから仕方ないですよね。
ここは Manchester Pressという
お店でオーストラリアでは珍しい
ベーグルサンドを楽しめます！

Aussie Burger
メルボルン出身の友達のAJとランチで行った
Grand Trailer Park Tavernaのハンバーガー。ビー
ツを追加すれば一気にオージー風！
肉々しいパティと柔らかいビーツで歯ごたえが面白い！
ほんのり甘くて美味しい☆

Pudding's Growth
（プリンの成長）

リンリンリンと言うと
キャッスルの真っピンクの電話を取るように。
この時は取るだけで耳には当てていませんでしたが、
電話は鳴るものと理解し始めた！
ちなみに、こちらはメルボルン・ブランドの
SEEDで買ったお気に入りのロンパースです。

Week 5

MON	TUE	WED	THU
3/11	3/12	3/13	3/14

MADOKA IN MELBOURNE

親友のまどかがメルボルンに！1ヶ月経ち色々と慣れてきたので、ローカルぶって色々と案内をしました☆

この日は、シティを案内してヤラ川沿いでディナーを！

FITZROY AND THE NIGHT MARKET

車を借りて郊外をドライブ！おしゃれでエリアのFitzroyでお買い物をして、夕日を見にSt Kildaへ。夜は、Queen Victoriaのナイトマーケットでご飯を食べました。

MOVING DAY!

メルボルンのシティを一望できるAirbnbとお別れして、シティ内の物件に移動！

P106

Friends and Formula 1!

日本から友達が〜そしておさるさんの大好きな F1

FRI	SAT	SUN
3/15	3/16	3/17

F1 EXPERIENCES

おさるさんが大好きなF1のイベントに！アクティビティ付きのチケットを買ったので、サーキットをツアーしたり、表彰台で写真を撮ったり、ピットレーンを見学したりしました。

F1 ON THE LAWN

F1の予選とFinals。プリンとリラックスしながら芝生でライブビューイングできるエリアがあったので、そこからレースを楽しみました。

日曜日の夜は、まどかたちの最終日。お家で steakディナーをしました！

Vlogs

OUR NEW HOME
メルボルンの CITY LIFE 引っ越し先のルームツアー☆ (#764)

ゆる注意※ 日本から来た友達とメルボルン散策!ゴールドコーストぶりのまどかが登場! (#783)

Night MARKET
斬新すぎるお祭りフード!メルボルンのナイトマーケット☆ 焼きそばが浮いてる... (#784)

F1 GRAND PRIX IN AUSTRALIA
オーストラリア・グランプリ☆ 夫に付き合って行った F1 観戦が想像以上に楽しかった! (#788)

P100

Week 5

Our New Home!

新しいお家へ引っ越し！

私たちはAirbnbという家を貸す人と借りたい人のマッチングサービスを旅行先でよく使うのですが、今回も同じくAirbnbで宿を手配しました。現地の不動産屋さんを通してマンスリー・レンタルを探したほうが値段は安く抑えられると思いますが、暮らしている感を楽しめるローカル物件を現地に行く前から予約したい場合はAirbnbがとても便利。特に経験のある貸主「superhost」が出している物件は、安心です。写真も充実していて、アメニティも細かく記載してあり、他のゲストのレビューも確認できる物件を選ぶようにしています。今回初めて1ヶ月を超える長期滞在でAirbnbを利用したのですが、物件によっては10％〜20％のマンスリー割引もあります。このようなサービスができて、より気軽に数ヶ月の長期滞在を楽しめるようになりました。

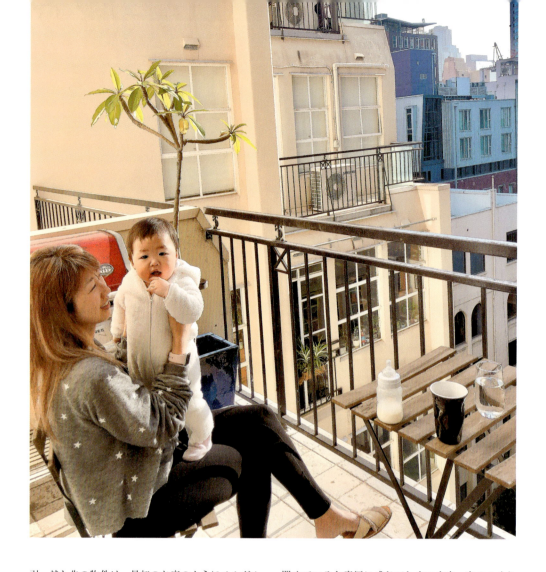

引っ越し先の物件は、最初のお家のようにメルボルンを一望できるあの贅沢な景色はありませんでしたが、窓が多く光が左右から差し込み、とても明るくておしゃれな物件でした。景色の代わりに他のお部屋が綺麗に見えますw。リビング側の窓からは、毎朝おじさんがベランダで上半身裸でタバコを吸っている姿、キッチン側の窓からは一つ下の階の住民の方が毎晩ご飯を作っている様子が。インテリアも個性的で同じマンションでも飾り方でこんなにも違うんだ！と思うほど。こっちの人々は家の中を見られることをあまり気にしません。むしろ、インテリアにこだわっているので是非見て！ぐらいの勢いでカーテンやブラインドを全開。私もアメリカで育ったので、見えることを全然気にしません。むしろ、閉めていると窮屈に感じてしまいます。家のつくりや暮らしの習慣で見えてくる文化の違いは面白いですよね。それこそ、ホテルではなかなか体験できないこと。

生活に関して日本と異なる点は数えきれないほどありますが、大きな違いの一つは「お風呂」。最近の欧米の流行りなのかもしれませんが、バスタブには昔よくあったシャワーカーテンやガラスドアではなく、バスタブの長さ半分ぐらいしかないガラスの間仕切りがあるだけです。ご機嫌な朝、ノリノリでシャワーに入ってしまうと床がびしょ濡れになります。最初はちょっと不便だなと思うことも意外と慣れるものですが、日本に戻ると「あ〜、日本のお風呂は最高！」と思います。特に子供と入る時は、

Week 5

しっかりとドアがある浴室はありがたい！アメリカのシャワーやお風呂は、長く入っているとお湯が出なくなることが多いのですが、オーストラリアに関してはそれが一切なくてびっくり。

もう一つは、ゴミ！こっちのマンションの多くは、生ゴミを各階から下まで落とせる「garbage shoot」があります。この「shoot」文化はアメリカにもよくあり、私が小さい頃に住んでいた家は、洗濯物を2階から1階の洗濯室に落とす「laundry shoot」が部屋にありました。近年、アメリカでは子供が間違って入ってしまう危険性や火事が広がりやすくなるという理由で戸建てなどでは禁じられているみたいですが、マンションや少し古いお家ではいまだに見かけます。

「ゴミ」の話に戻りますが、メルボルンでは街中に設置されているゴミ箱にコンプレッサーが付いているものがあって、びっくりしました。調べてみるとこれらのゴミ箱は「BigBelly（大きなお腹）」と呼ばれるもので、ソーラーパワーでコンプレッサーが動くらしく、ゴミが80％まで溜まるとゴミ収集部のデバイスに通知が行くようになっているらしいです。2017年に初めてGreat Ocean Road沿いに導入されて、ゴミ収集作業をより効率よくできるようになり、ゴミに関するクレームなども減ったそうです。

ゴミのテーマでもう一点。新しく引っ越したAirbnbのゴミ置き場にはなんと衣類、靴、バッグなどのドネーション容器もありました。アメリカもですが、とにかくドネーションするのが簡単。でも、マンションのゴミ置き場に寄付ボックスが設置されているのは初めて見ました。個人的に結構洋服を寄付するので、なんて便利！と感動。オーストラリアに滞在していた3ヶ月間でプリンが着られなくなったベビー服などを寄付して帰りました。

> " こっちの人々は家の中を
> 見られることを
> あまり気にしません。 "

Week 5

The Australian Grand Prix

おさるさんの大好きなF1グランプリ！

by Osaru-san

メルボルンと聞いて僕が最初に思い浮かべたのは、ちかのように「カフェ」ではなく自動車レースの「F1」でした！ メルボルンで開催されるオーストラリアGPは、シーズンの開幕戦なのでいつもワクワクしながらテレビ観戦していました。

F1の多くは、郊外にある専用サーキットで開催されるのですが、メルボルンは街中にある公園の外周道路を使って開催されます。東京で例えるなら、新宿御苑や代々木公園の周りをF1マシンが駆け抜けるようなものです！

しかも、僕らが最初に滞在していたコンドミニアムのすぐ裏手が、F1が開催されるアルバート・パークでした！プリンをベビーカーに乗せて散歩するその道こそがF1マシンが駆け抜けるコースなのです。レースが近づくにつれ、観戦席や看板などが設置され、市民憩いの場はサーキット場へと変わります。そんな中をF1 Week直前まで一般の車や自転車で走ることができるので、メルボルンのF1好きなら一回は走りに行ったことがあるのではないでしょうか？

僕もプリンを乗せてベビーカーを走らせました。頭の中ではT-SQUAREの「TRUTH」（←F1といえばこの曲）が流れ、時速3kmのベビーカーは時速300kmのF1マシンへと変身します！ F1好きにはたまらない街です。

レースが始まる前日までは、車でもベビーカーでもw
普通にサーキットを走ることができます。

そんなF1が開催されるアルバート・パークで見つけた不思議な遊具。大型のブランコのようではあるけれど、どのように遊ぶのかは不明。横に説明書きがあり読んでみると…「車椅子用のブランコ」でした。

また、F1の会場の一角に、子供も大人も何かに乗って楽しんでいるスペースがありました。それは競技用の車椅子で、自由に試乗…というより、遊ぶことができるようになっていました。車椅子で「遊ぶ」という発想を僕は持ったことがなかったのですが、遊ぶことによって子供はもちろん大人も理解が深まるなら、確かにアリだと気づかされました。

メルボルンは、こういった"気づき"を与えてくれる街なんですよね。

そんなF1ですが、通常の観戦に加えピットを間近で見られるツアーや、表彰台に上っての記念撮影、コースをダブルデッカーバスで走る体験など、様々なプログラムに参加できる「F1 Experiences」というチケットがあります。これが結構なお値段で…僕らが購入したのは一人約12万円！二人で24万円!!清水の舞台から飛び降りても、まだ決心がつかない程のお値段です。数日間悩みましたが、メルボルンでF1を体験できることなどそうそうないので、震える指でポチりしました（後日クレジットカードの明細を見て再び震えました）。

ちか：チケットの金額を聞いた時、私もびっくり仰天！え?! F1ってそんなに高いの?! 私行かなくてもいいんだけど…おさるさん一人で行ってきなよ〜と正直思いましたw。でも、おさるさんはF1の世界を私に見てほしいと（実は、英語的に一人では不安だっただけ??）。まあ、F1開催中にメルボルンにいるという偶然もなかなかないですし、ただの席ではなく、4日間にわたるアクティビティにも参加できる、そしておさるさんが毎晩F1のエンジン音を子守唄にしてソファで寝落ちしている姿もずっと見てきたので、たまにはパパサービスをして家族で行くことにしました。

> " メルボルンで
> F1を体験できることなど
> そうそうないので、
> 震える指でポチりしました。"

おさるさん：「F1 Experiences」では、初日の夜にダブルデッカー・バスでサーキットを案内してもらえます。20時からの開催なので、夕暮れ時で少し暗めですが、街の明かりが見られてかなり雰囲気があります。普段は一般の公園として活用されているメルボルンのユニークなコースについてガイドさんが色々と裏話をしてくれます。あ〜、英語がわかったら100倍楽しいんだろうな〜！と思いながら、知っている単語を一生懸命ピックアップして推測しながら聞いていました。細かな説明はわかりませんが、F1について知識があるので知らないテーマでの話よりは随分と聞き取れた気がしました。

数日前までは散歩で歩いていた道にもかかわらず、その表情は一変し緊張感が地面からひしひしと伝わってきます。この感覚を味わえるだけでも、大枚をはたいた価値はあったのかも…（と、自分に言い聞かせてみる）。

サーキットのツアー後は、F1のピットを見学することができます。目の前には、ただひたすらに速く走ることだけを追求したマシンと、それを支えるメカニックやエンジニア、その命を受けて、命がけで走るドライバーがいます。

F1は自動車レースという以外にセレブの方々の社交場という側面も持っています。チームやスポンサーが開催するパーティーに招かれてやってきたセレブの方々は、ジュディ・オングさんか小林幸子さんかと思うほどのドレスをお召しになっており、こういう世界が本当に存在するんだ〜と別世界を垣間見ることができました。

とはいえ、そのような方々はほんの一握りで、メルボルンのF1は老若男女問わず楽しめるイベント。

公園で開催されているだけあって芝生がたくさんあり、寝転がりながらのF1観戦だってできちゃいます！ 僕たちも、スタートだけ観戦席で見た後は、芝生にブランケットを敷き、寝転がりながら大型モニターで観戦しました。いつもは夜中にリビングのソファーに寝転がりながら、遠くの国で走っているマシンをテレビで眺めていましたが、メルボルンではすぐ横で本物のマシンの音を聞きながら眺めることができ、最高のF1観戦になりました。

104

Week 5

ちなみに、いつもテレビでF1を見ていると、ついつい眠くなり目が覚めた時にはレースが終わっているということもしばしば（いや、ほぼ毎回）ですが、メルボルンでもそれは変わりませんでした。しかも、プリンもパパよろしく気持ち良さそうに寝ていました。

レース観戦が終わった後は、サーキットをすぐに後にするのではなく、F1談義に花を咲かせながらビールを飲みます。ビールが大好きなメルボルンの人にとっては、F1は恰好のつまみ！ F1の公式ビール「ハイネケン」が大きなステージを作り、そこでは音楽フェスさながらの光景が繰り広げられ、F1を？ 音楽を？ 両方を？ 存分に楽しんでいました。

街中で開催されるF1ということで、コースの脇には住宅やマンションが普通に立ち並んでいます。近年ではだいぶ小さくなったとはいえF1マシンの大きな音（以前は数キロ離れた市内中心部でもマシンの音が聞こえたとか！）の問題や、たくさんの人が訪れることでの交通混雑などが発生します。

F1以外にも大坂なおみ選手が優勝した、テニスの全豪オープンや、オーストラリア最古のお祭りと言われる「Moomba Festival」、世界三大コメディ

フェスティバルの一つ「メルボルン国際コメディフェスティバル」などにはじまり、市内の道がパレードなどで封鎖されるようなイベントが年間を通して開催される街です。

このように数々のイベントやスポーツ大会が開催できるのは、メルボルン市民の「おおらかさ」があるからこそだと思います。「ちょっとぐらい騒音が大きくても、ちょっとぐらい道が混んでても、まぁいいじゃん。ビール飲めば忘れちゃうよ〜」そんな風に言っているシーンが浮かびます。

そしてその「おおらかさ」は、メルボルンが「住みやすい街」として毎年上位に挙げられる理由の一つだと感じました。

Week 5

The Night Market
クリエイティブ溢れる夜の屋台

> " さすがアートへの意識が高い街、メルボルンのナイトマーケットはクリエイティブに溢れていました。"

VR動画でご紹介したQueen Victoria Marketでは、毎週水曜日にナイトマーケットがあり、沢山の屋台やお土産屋さんが並び、とても賑やかなイベントです。動画にも何度か出ている大親友のまどかがメルボルンに遊びに来てくれた時に初めて行ったのですが、昼間のマーケットの雰囲気とはガラッと変わり、個人的にはナイトマーケットの方が好きでした。

入り口を入ると、温かめの色のライトが天井に吊るされて、とてもおしゃれな雰囲気。友達と一緒に来ている人たちも、家族で来ている人たちも、色んな年齢層の方々が楽しめる場です。

　そして、何よりも今まで見たことがない食べ物のラインナップがとても新鮮でした。どこの屋台にしようかな？と迷いながら歩いていたら、女の子がピンクのふわふわしたものを持って歩いているのが目に入りました。振り向くと、え？可愛い!!と思わず叫んでしまうトトロモチーフのわたあめ！まん丸で大きくて、子供たちに大人気！どんなお祭りにもあるわたあめですが、このようなキャラクターの形になっているものを見るのは意外と初めて。

　歩きながら二度見してしまうフードはこのわたあめだけではない！宙に浮いている焼きそばも衝撃的でした。さすがアートへの意識が高い街、メルボルンのナイトマーケットはクリエイティブに溢れていました。ユニークなプレゼンテーションに釣られて買ってしまいましたが、正直味はいまいちw。どうやって浮いているんだろう？と詳しく見てみると、半分に切ったりんごにフォークを刺し、それに麺を巻いているんです。斬新なアイディアで抜群のインパクト！これで美味しかったら最高なのに〜。

　Flying noodlesの味はいまいちでしたが、ギリシャ料理のブースで買ったジャイロはとっても美味しかったです。メルボルンはギリシャからの移民の方も多く、シティにはギリシャ料理店が並ぶ通りもあり、Stalactitesというシティのギリシャ料理レストランは、24時間営業していて、常に賑わっています。量はかなり多いので、シェアがいいかも！

　締めのスイーツには、ドーナツにジェラートを詰め

Week 5

たデザートを食べたのですが、これもまたありそうで意外と初めて。こんな組み合わせ、美味しくないわけないですよね！ いくつかの種類があり、ジェラートに加えてNutellaやピーナッツバターを入れたり。ピーナッツバターなどが入っているジャーがレジの前に並んでいたのですが、ジャーの縁も蓋もべっとべとw。日本のお店ではなかなか見ない光景かも。

私たちは、オーストラリアならではのフレーバーのGaytimeというものを頼んでみました。1960年代にオーストラリアで流行ったアイスクリームなのですが、今でもおやつの定番！ オリジナルのものはタフィーとバニラアイスをチョコレートにディップし、砕いたビスケットをまぶしたもの。Golden Gaytimeにインスパイアされたドーナツジェラートは、ラテのジェラートとカリカリするビスコッティが入っているものでした。店員さんもフレンドリーで、ナイススマイルをいただきました☆

美味しいもの、面白いもの、両方のコンビネーションで会話が弾み、Queen Victoriaのナイトマーケットはメルボルンの街の明かりのふもとで夜遅くまで賑わっていました。

DAILY SNAPS

Thank you!!
この素晴らしい景色ともお別れ。
お世話になりました!
素敵な思い出をありがとう!

Relaxing in our new home!
景色はないけど、シティの便利さは抜群!
新しいお家もお気に入り☆
この日はUber Eatsで中華を頼みました!

Stylish Asian Foods!
メルボルンはおしゃれな
アジアン料理屋さんも沢山!
まどかとFitzroyのEast meets Westという
アジアン・フュージョンのお店に行きました。

Week 5

Getting dizzy!

こちらはカスタムプリントのTシャツ屋さん。Fitzroyはアーティスティックなお店が沢山！

Wow! Japanese writing!

たまにウォールアートで見かける日本語。オーストラリアの学生は日本語を習う方が結構多いんです！（この日本語がその影響なのかはわかりませんがw）

Lovely sunset

最高の夕日スポット、St Kilda。
夜中にはペンギンが見られるらしく、
夕方から沢山の人が訪れます。

Pudding's Growth
（プリンの成長）

新しいAirbnbのバースツールを引いたり押したり。
ってか、こんなものを動かせることにびっくり！
なんか危なくなってきたな（汗）
ますます目が離せない…。

Week 6

MON	TUE	WED	THU
3/18	3/19	3/20	3/21

PUDDING STARTS DAYCARE!

プリンのデイケアの初日！前の週にオリエンテーションとして数時間お試しをして、今週から月曜日と金曜日の週２回を本格スタート！

GORDO IN MELBOURNE

数年前シドニーのYouTubeイベントで出会ったGordoがメルボルンまで遊びにきてくれました！

Gordoにはオーストラリア名物のベジマイトの正しい食べ方を教えてもらいました！ベジマイトはビールを造る過程で残るビール酵母で、食パンなどに塗って食べるペーストです。強烈なしょっぱさが特徴で外国人からは不味いと有名な食品です。

FITZROY GARDENS

日中はプリンを連れてFitzroy Gardensという公園に。おさるさんはプリンと枯れ葉で遊び、その間私は後ろのベンチで編集作業。

P118

Hanging out with Gordo!
オーストラリア人のお友達から知るオージー流！

FRI
3/22

WORK DAY

SAT
3/23

PUDDING GOES TO THE DOCTOR'S

先週末のF1のイベントで麻疹の警告が！プリンが朝から少し咳き込んでいたので心配になって診療を予約。(無事でした！)

夜は母親がメルボルンに到着！

SUN
3/24

MOM IS IN TOWN

早速母親にメルボルンの魅力を紹介！

まずはお気に入りのST ALiでランチを！

Vlogs

オーストラリア名物!謎のベジマイトに挑戦! with Gordo!【#775】

まさか麻疹?! オーストラリアのお医者さんで診てもらう【私たちのとある1日】【#789】

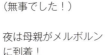

P114

Week 6

Is it Measles?!
もしかして麻疹?!

この日は朝から近くのドーナツ屋さんに行きました。軽い、大人用のドーナツを食べていたらプリンが咳き込み、ちょっと心配。家に戻っても咳が続いていて、前の日から鼻水も出ていました。ちょうど前の週に参加したF1のイベントで麻疹の感染が確認されたというニュースを見ていたので、小児科を探してみることに。

土曜日だったので週末も診察してくれる小児科をネットで検索したら、近くにプライベートクリニックを見つけました。電話で事情を説明して午後に予約を入れました。診療の値段は、A$ 106.95とのこと。

予約直後にクリニックからテキストメッセージが届き、スマホからカルテを記入できるようになっていました。文字も伝えた方が読み間違いがなさそうだし、着いてから書かなくていいので効率がいい。この時代、

まだ手書きで手続きをしている方が不思議かも。プリンの予防接種の証明書をもらいに別のクリニックに行った時も、予約後にテキストメッセージが届き、そこから必要な情報を入力しました。事前に対応できる方がわからないことがあったら調べる時間もあるのでいいですよね。

クリニックに着いたらフレンドリーな先生がプリンの状態を確認してくれました。プリンの腕に残っているBCGの痕を見て、「これは何？」と聞かれました。お医者さんだったので説明したらすぐわかりましたが、一般の人は結構びっくりしますよね。図書館で出会ったママも心配そうに聞いてきました。
口をあ〜んしたり、耳の中をチェックしてもらったり、皮膚も見てもらった結果、麻疹にしては元気すぎるとのことw。私たちも麻疹ではないだろうな〜と思いながらも、better safe than sorryと思って連れて行ったので、「だよね！」と思いました。た

だ、少しだけ風邪気味だったので、「お家でしっかり加湿してあげて」とアドバイスをいただき診療が無事終了。

そして最後は、診療の内容に全く関係なく先生が日本に遊びに行った時の話で盛り上がりました。オーストラリアでは小学校で日本語を教えたり、日本に興味を持っている人、日本語を話せる人が結構多くてびっくりしました。滞在していたAirbnbのエレベーターでもオーストラリア人の方からいきなり日本語で話しかけられました。

オーストラリアに限られる話ではありませんが、日本人はどこに行っても好感を持ってくれる方が沢山います。「日本に行ったことあるよ！　最高だった！」という方や、「行ったことはないけど行ってみたい！」と言ってくれる方など。海外にいると日本人でよかった！と思う瞬間が沢山！

COLUMN

メルボルンのバスでもらった幸せ

by Osaru-san

メルボルンでバスに乗った時のことです。
はじめて訪れる場所だったので、どの停留所で降りるべきかわからず、降りるのにもたついてしまいました。

急いで降りようとしたのですが、運転手さんからは見えていなかったようで、扉が閉まってしまいました。「Excuse me」と言うも、その声はブォォ～ンという発進を告げるエンジン音によってかき消されてしまいました。

バスや電車で降りそびれてしまった時って「あの人、降りそびれたんだ～」と視線を感じて恥ずかしいものです。仕方ない、次のバス停で降りて戻ろうと…と、諦めた瞬間でした！

僕らの様子を見ていた乗客の方が、大きな声で運転手さんに呼びかけてくれたのです。それも、一人や二人ではなく、僕らの様子を見ていた人全員と言っても良いぐらい、沢山の方が僕らを降ろすために運転手さんにアピールしてくれたのです。なかには指笛を吹いて知らせてくれる人もいました。
一度は走り出したバスでしたが、皆さんの声というブレーキによって止まり、無事に降りることができたのでした。

日本でも海外でも、こんな経験したことがなかったので、本当にびっくりしました。
メルボルンの人たちって、なんて優しいんだろう。
そして、すごく温かい気持ちに包まれました。

自分がされて嬉しかったことは、他の人にもすることで、幸福の連鎖が始まると思います。メルボルンで頂いた幸せを、次の人へ繋いでいきたいと強く思いました。

Week 6

Trying Vegemite!
ベジマイトに挑戦！

実は、シドニーのイベントで出会う前からおさるさんはゴードの存在を知っていて、彼は日本語も流暢なのですぐに仲良くなりました。それから日本でも何度か会うようになり、今回私たちがメルボルンに数ヶ月滞在するということでシドニーからわざわざ来てくれたんです。そんなゴードには、Vegemiteというオーストラリアならではの発酵食品の正しい食べ方を教えてもらいました！

Vegemiteは、ビールを造るときに出る酵母を原料にしためちゃくちゃしょっぱい黒いペースト。まずいとしか聞いたことがなかったので、試してみる気になれなかったのですが、せっかくゴードもいるし、正しい食べ方を教えてもらおうとVegemiteとトースト、そしてバターを買ってうちに集まりました。

GordoのYouTubeチャンネルは日本語なので是非チェックしてみて！

　1922年に当時のKraft Foodsが食品科学者を雇い、ビタミンBが最も豊富なビール酵母を使ったペーストを発明しました。当時は、Pure Vegetable Extractと呼ばれていたのですが、ネーミングコンペティションの結果でVegemiteという名前がつきました。でも、当時はイギリスの似たようなスプレッド「Marmite」が家庭で食べられており、Vegemiteはなかなか売れませんでした。1937年に車などが当たるキャンペーンを実施し、人気が高まりました。その後、イギリス医師会に支持され『ブリティッシュ・メディカル・ジャーナル』でビタミンBの豊富さが評価され、赤ちゃんにもおすすめ！と宣伝されるようになったとか。

　第二次世界大戦時、栄養が豊富な食料品としてオーストラリア軍が大量にVegemiteを購入し、戦後にはすっかりこの国の食生活の一部になりました。今は、"Tastes like Australia"と言われるほどの定番で、毎年2200万個も売れているそうです。

　そんなVegemiteの最もシンプルな食べ方は、バターをたっぷり塗ったトーストにVegemiteを薄〜く塗って食べる。Vegemite初心者は、多く塗りすぎて嫌いになってしまうことが多いらしいです。ゴードが「日本の味噌と同じような感覚だよ。ちょっと入れたら美味しいけど、そのまま舐めたらしょっぱ過ぎるでしょ？」とわかりやすく説明して

くれました。

でも、そのしょっぱさはもう強烈！ほんの少しだけしか塗っていないのに、ものすごい味なんです。臭いとかまずいとかではなく、単純にしょっぱい！正直、口にした瞬間、出したくなりますw。これこそ acquired taste（慣れ親しむ味）！

トーストに塗る以外におさるさん提案の色んな方法でVegemiteを食べてみました。野菜スティックをディップしたり、バナナにつけてみたり、基本的にすべて合わなかったのですが、なんとバニラアイスとの相性がかなり良くてびっくり！ Vegemiteの

しょっぱさがバニラアイスの甘さを引き立てて、よりクリーミーで美味しく感じられました。

ほんの少ししか使わないので、Vegemiteのジャーはなかなか減りません。もう少し頑張って使ってみたいと思い、アボカドトーストに塗ることに。そしたら、めちゃくちゃ美味しかった！ もちろん、これも薄〜く塗ります。Sandwich Thinsというサンドイッチ用の薄いパンをトーストしてカリカリにしてからVegemiteを塗って、アボカドをのせると最高に美味しい！ この後、アボカドトーストにハマり、一日おきぐらいに食べていました。なんでもトライしてみないと、ですね！

Week 6

Japanese cuisine in Melbourne!

メルボルンの日本料理

―KOMEYUI―

ゴードとVegemiteに挑戦してみた日の夜、最近日本に行っておらず日本食が恋しくなっていたゴードのために日本食を食べに行くことになりました。Google MapsでJpanaese restaurantsを探していたら、前の週のF1グランプリで遭遇したちか友に日本人オーナーの日本食レストランを教えてもらったことを思い出しました。

ポートメルボルンという港エリアにあるKomeyuiというお店。予約をしないといけないぐらいしっかりとしたお店なのですが、ノーアポで行ってみました。現地に着くと満席で、1時間待つとのこと。

店内はとてもシンプルでお上品な和の感じ。観光客の多いシティから離れたエリアだったので、お客さんはローカルの人ばかりでした。お刺身、揚げ出し豆腐、お鍋料理など、私たちも無意識にそろそろ恋しくなっていたような日本食。

Komeyuiのように日本人オーナーのお店もありますが、外国の方が経営している日本食レストランも沢山！ 特にオーストラリア人のオーナーのお店は、日本人にはなかなか思いつかない斬新な組み合わせやプレゼンテーションをしてくれるので、とても新鮮です。

—KISUME—

その一つが、Kisume。黒と赤をテーマカラーにしたシックなモダンなジャパニーズ・レストラン。母親がメルボルンに遊びに来た際に行ったのですが、雰囲気も素敵で味も美味しくてその後も何度か行きました。

アペタイザーに枝豆を頼んだら、軽くグリルされており、通常の塩ではなくより深い味のあるシーズニングで味付けされていました。これが香ばしくてめちゃくちゃ美味しい！ 枝豆以外には、タワーになっているかき揚げや桐箱に並ぶお寿司など、おしゃれなものが次から次へと。でも、ただおしゃれなだけではなく、味も美味しい！

Kisumeは、メルボルンで数々の人気店を生み出すLucas Groupの系列店。創業者のChris Lucasは、ギリシャからの移民の息子で子供の頃は両親が営んでいたカフェやパブで遊びながら育ったとか。高校卒業後、Chris自身は親のパブを継ぎたいと思っていたみたいですが、父親の強い要望で大学に行くことに。大学を卒業後、IBMに就職し、20代は出張などで世界中を飛び回っていたらしいです。そのような経験が、今このように色んな国籍のレストランを手がけるきっかけになったのかもしれません。

Week 6

—CHIN CHIN—

日本食ではないですが、Kisumeのすぐ近くにあるChin Chinというモダンチャイニーズのレストランも彼が手がける人気店。こちらのお店は予約ができないため、常に行列ができています。若い頃、彼女とのデートで、あるレストランに予約を断られたことがあり、予約なんて受け付けない、早いもん勝ちで入れるレストランをやりたいと思ったのがChin Chinの予約なし制度のインスピレーションだったみたいです。いつもランチ時間にも人が集まっていたので、母親が滞在中、平日の早い時間に行ってみました。

—MR. MIYAGI—

Market Lane Coffeeの本店やVRの撮影をしたabacus.の近くにもMr.Miyagiというオーストラリアン・オーナーの日本食レストランがありました。abacus.でバリスタとして働くちか友さんが教えてくれました。

ここもまた面白いお店！ 日本食好きのオーナーは、毎週友達とチャペルストリートのレストランを開拓していたのですが、日本食レストランがあまりないことに気づき、映画「Karate Kid」に出てくる師匠のMr.Miyagiをインスピレーションにこの日本食屋さんを立ち上げました。インテリアは、黒をベースにマジェンタ色のお花がと

Week 6

ころどころアクセントとして飾られていました。

遊び心を感じるネーミングと同じく、メニューもユニークです！ なかでもカリカリに揚げた海苔をタコスのシェルにして、すし飯とサーモンが入っているSushi Tacosはかなり人気みたい！

KisumeもMr. Miyagiもコンセプトがしっかりあって、とりあえずおしゃれなお店とか、とりあえず今の流行りの感じでとかではなく、ウェブサイトからインスタグラム、インテリアからメニューまで、独特な世界観でお客さんを楽しませてくれます。

> 独特な世界観で
> お客さんを
> 楽しませてくれます。

DAILY SNAPS

Fitzroy Gardens

おさるさんとプリンが遊ぶところを
私は後ろのベンチで動画編集をしながらスナップ。

Creative sandwich shop!

滞在していたAirbnbの1階にある
N. Lee Bakeryというベトナム風カフェ。
サブウェイ式でお好みのサンドイッチを頼めるのですが、
具材のプレゼンテーションがユニーク！
そして、甘いタレがかかった揚げTofuのバインミーが美味しかった☆
店員さんはちょっと無愛想w。

Week 6

Healthy substitution!

カリフラワー・カレー！
ご飯の代わりにカリフラワーを砕いたものを入れてみました。
歯ごたえもあってかなり満足！
カリフラワーの臭みもカレーで消えて意外といけます！
スーパーですぐ使えるパックになって売っています。

Dinner with friends!

Toshiさんファミリーとお食事☆
ちっちゃな怪獣たちはちょっと暴れ気味でしたが、
色々とゆっくりお話しできて
とても楽しいディナーになりました！

Doughboys Doughnuts!

シックで格好いいドーナツ屋さん！
意外となくて、とても新鮮でした！隣の方は、
ドーナツをコーヒーにディップして食べてました☆

Pudding's Growth
（プリンの成長）

「お兄ちゃん、私を見てよ！」
どこに行っても店員さんが大好きなプリン。
特にメルボルンにいた時期は、
店員さんがアテンションをくれるまで
しつこく見上げたり、触ろうとしたりw。

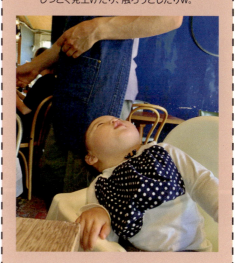

Week 7

MON	TUE	WED	THU
3/25	3/26	3/27	3/28

AVO TOAST BREAKFAST

City Library の2階に穴場の朝食屋さんを発見！アボカドトーストを頼んだら、アボカドとトマトの量にびっくり！

FITZROY GARDENS

充実した赤ちゃんのプレイエリアがあると聞きメルボルン・ミュージアムに行ってみることに。

RELAXING BY THE RIVER

最近話題のオールスタンディングのカフェPatricia Coffeeに！

午後は、ヤラ川沿いのボートレストランでHappy Hourを過ごしました。

HAIR SALON!

オーストラリアに着いてから1ヶ月半経ち、髪の毛がプリン状態になってきたので、シティのヘアサロンを予約！

 P132
 P140
 P140
 P136

Family fun with mom in town!

母親と過ごすメルボルンでのファミリータイム！

FRI	SAT	SUN
3/29	3/30	3/31

Vlogs

オーストラリアの田舎もいいおしゃれだけど気取ってない☆ 赤ちゃんにもフレンドリーなワイナリーでランチ♪
（#798）

LUNCH AT CHIN CHIN

行列が絶えないシティで大人気のChin Chinというモダンチャイニーズレストランでランチ！

DAY TRIP TO THE WINERY!

レンタカーを借りて南のワインカントリーへ！子連れに優しいレストランを見つけて、鮮やかな葡萄畑を眺めながらゆったりランチを楽しみました！

A LITTLE TRIP TO ITALY!

イタリアからの移民の方が多いカールトンというエリアでピザを！おしゃれな本屋さんや可愛いブティックもあって楽しい午後を！

P144

Week 7

Melbourne Museum!
ベビーも大人も楽しめるメルボルン・ミュージアム！

キッズスペースは、噂の通りとても充実していて赤ちゃん用の遊び場ともう少し大きい子供たちのスペースが分かれていたので、安心してプリンを遊ばせられました。広々としていて、五感が刺激されるような遊具でプリンも大喜び。壁に色んな顔があり、口に積木のピースを入れると不思議な声が出てくる仕掛けがあったのですが、突然の大声にびっくりして後ろにひっくり返ってしまいました。はい、プリンではなくて私がw。

室内だけではなく、外にも遊べるエリアがあり、こちらには砂場がありました。よく見てみると、ちょっと変わったサンドボックスで、恐竜の骨の発掘ごっこができるんです！ちょうどキッズスペースの隣に恐竜の展示があるので、そこから来た子たちはこの砂場を見て確実に興奮！

プリンと遊んでいたら一緒に来ていた母親が急に見当たらなくなり、探しに行ったらDinosaur Exhibitにいました。T-Rexの化石の展示の前で案内画面を一生懸命見ながら、これすごいよ！と私たちを呼び寄せます。お母さんって恐竜とかに興味あったかな？と思いながら近づいてみると、目の前にある化石が徐々に昔の姿に戻っていく3D映像が流れていました。それが結構リアルで、当時どんな環境でどん

な暮らしをしていたかが一目でわかるように紹介されているんです。リアルさが新鮮で魅了されてしまいます。現代の映像の技術を最大限に活かして歴史をより学びやすいように工夫されています。

恐竜の展示スペースの奥に入ると、真っ白な壁に高い天井までオーストラリアの動物の剥製が数々並ぶ迫力満点スペース。もちろん、この展示も見るだけではなく学ぶための工夫がありました。大きなモニターに展示内容の写真が映し出され、画面で動物をクリックするとその動物の情報がポップアップされます。

海外の国立博物館や美術館はショップも楽しみの一つ。デザイン性も高く、ご当地限定のものが置いて

あるので、お土産にもおすすめ！Melbourne Museumのギフトショップの入り口には、巨大な恐竜のぬいぐるみがあったのですが、横に「写真は大好きだけど、優しく撮ってね」と注意事項が可愛く書かれていました。ちょっとしたことですが、このような遊び心のある温かいコミュニケーションのとり方っていいですよね。

色んなグッズがあるなか、プリンが選んだのはなぜか真っピンクのタコの足（笑）。ちょうどベビーカーからでも届く位置に置いてあり、気づいたら一本手にとって噛みまくっていました。他の動画でプリンがこのタコの足を噛んでいるシーンがあると、「それ、どこで買ったのですか⁈」と聞かれます。まさかのMelbourne Museumでした☆

Week 7

Getting a new look!

メルボルンのヘアサロン

> " ファミリーフレンドリーでとっても居心地のいいサロンでした。"

メルボルン生活を始めてから1ヶ月半経ち、そろそろ髪の毛のメンテナンスが必要になってきました。遊びに来てくれていた母親も髪のリタッチをしたいとのことでCollins Streetのあるサロンに予約を入れました。Rakis on Collinsというサロンで、ネットで見つけたのですが、インスタグラムにも力を入れていたので、ここだったら撮影させてくれそう！という予感で問い合わせてみました。撮影させてくれるどころかファミリーフレンドリーでとっても居心地のいいサロンでした。

受付後、待合エリアで待っていたらcucumber waterを持ってきてくださいました。きゅうりをワンスライス入れているだけなのですが、カラフルなcoffee table booksと並ぶと一気におしゃれに。

私は以前NYでもチャレンジしたバレアージュというカラーのスタイルにすることに。プリンにミルクをあげながらカウンセリングをしました。バレアージュは、根元は暗いまま、途中から筆でブリーチを塗って毛先に向けて明るい色を入れるスタイルです。数年前に流行り、今はヘアサロンの定番メニューになっているみたいです。私は、毛先を明るくして、少しだけピンクを入れたいとお願いしました。

カウンセリングが終わり、スタイリストさんたちがブリーチやカラーを用意している間、welcomeドリンクのシャンパンを持ってきてくれました。私はお酒が弱くて残念ながら飲めませんでしたが、シャンパン好きな母親と一緒に贅沢な雰囲気を楽しみました。

バレアージュはかなり時間が掛かるので、プリンとおさるさんは途中でお出かけをして時間を潰してくれたのですが、サロンでも少し時間を過ごしました。プリンがいる間は、サロンの色んな人がプリンを抱っこしたり、遊んでくれました。なかなか家族揃ってヘアサロンに行く人もいないと思いますが、すごくウェルカムな感じで、おさるさんにもシャンパンを出してくれました。

17歳という若さのアシスタントの女性がいたのですが、太陽のような明るい笑顔と笑い声でプリンをずっと抱っこしてくれました。彼女はサロンのベビーと呼ばれていて、みんなの可愛い妹のような存在。彼女と接しているスタイリストさんたちを見る

Week 7

と本当にファミリーのような温かさを感じました。

そして、かなり衝撃を受けたのが、こちらのサロンのスタッフの皆さんが毎年撮られているTeam Fun Photo。毎年テーマを決めてものすごく本格的な衣装を着てグループ写真を撮っています。今までのものも含めて色々と見せていただいたのですが、インパクトがすごすぎて…。バレエ、クレオパトラ、シルク・ドゥ・ソレイユなどをテーマにしたチーム写真なのですが、サロンのウェブサイトでこれまでのTeam Fun Photoを見ることができます。アートへのこだわり、チームの仲の良さ、とことんやる姿勢を感じました。

カラー後は、別の方がブロードライをしてくださったのですが、なんと日本人のスタイリストさんでした。とても丁寧に対応してくださり、母親をワイナリーに連れて行きたいと話したら弟さんが詳しいと、その後メールで詳しい観光情報をわざわざ送ってくれました。

新しいサロンに行くのって結構ドキドキしますよね。でも、初めてだということを忘れてしまうぐらい温かいスタッフの方々でした。合計は2人でA$600ぐらいと、決して安くはありません（特に日本と比較すると）が、とても居心地よくさせてくれるカジュアルだけど心のこもったサービスが素晴らしく、気持ち良く払えました。

Week 7

Afternoon drinks on the river

ヤラ川でゆったりした午後を

メルボルン・ミュージアムに行った後、家に向かう途中でちょっとお茶したいね〜と以前から気になっていたヤラ川沿いのボートレストランに行ってみることに。金・土・日の夕方は人がすごく多くてベビーカーで入るなんてとんでもない雰囲気ですが、この日は平日で比較的空いていたので、エントランスに立っているセキュリティーの方に聞いてみるとベビーもウェルカムだと☆

Week 7

> 人それぞれ周りを気にせず
> 自分がやりたいようにやるのが
> こっちのスタイル。

席は、自由席。好きなところに座れば、ウェイターさんがオーダーを取りに来てくれます。私たちが選んだのは、プリンもくつろげるベッドタイプの席。ダブルベッドぐらいのサイズで、パラソル付きで川を眺めながら最高にリラックスできる空間。一見とても気取ってそうなお店なのですが、入ってみるとてもカジュアルでお子さんを連れている方も結構いました。

席の目の前を流れるヤラ川を眺めながら一杯できるカウンター席があったのですが、ラップトップを開いた男性が作業をしていました。決して作業をするような雰囲気のカフェではないのですが、人それぞれ周りを気にせず自分がやりたいようにやるのがこっちのスタイル。クラブ音楽が流れて、仕事帰りに友達と飲んでいるグループで賑わう場に赤ちゃんはどうかな？と一瞬思いましたが、周りは全く気にしていない様子。むしろ、隣のベッドの方はずっとプリンに話しかけてくれていました。

小腹も空いていたのでfish & chipsなどみんなでつまめるものを頼み、夕食前のhappy hour 気分で「メルボルンって本当にいい街！ おしゃれだけど人は気取っていなくて好き」と母親が絶賛していました。アートフルでおしゃれな日常を気軽にプリンと一緒に過ごせることがとても嬉しかったみたいです。

Week 7

Day trip to wine country!
シティを離れてワイナリーランチ

ワイン好きな母親をワイナリーに連れて行こうと思い、南の方へデイトリップをすることに！プリンと一緒だったので、ワイナリー見学はしませんでしたが、メルボルン郊外ののどかな風景を楽しみながら、ランチでもしようとヘアサロンで出会った英恵さんが教えてくれたMontaltoというレストランに向かいました。

直前に決めたので予約をしていなく、着いたら満席。テラス席は空いてましたが、大雨で悪天候。受付の男性が、隣の姉妹店をすすめてくれました。そこはTucksというお店で、以前別の方にすすめられれていたお店だということを思い出しました。

隣の店に着くと、Montaltoの高級な雰囲気はなく、かなりカジュアル。ダイニングエリアもとってもシンプルで、ちょっと食堂っぽい感じすらありました。でも、テーブルに並ぶ青や緑のグラスが可愛いアクセントになっていました。ちょっとした工夫で空間ってだいぶ変わりますよね。そして、テーブルの奥に本格的なキッチンが見えて、一安心。Montaltoに入れなかったのは、少し残念でしたが、Tucksは店員さんたちもとてもフレンドリーでカジュアルな割には食べ物も本格的！結果、子連れには最高なレストランでした。

「メルボルンは本当におしゃれで気取ってなくて最高」と、またも母親が大絶賛。テーブルの後ろにあるカウンターで気軽にワインの試飲できて、母親とおさるさんが目の前に広がる色鮮やかなぶどう畑で育ったぶどうで作られたTucks Ridgeのワインを楽しんでいました。

食事も本当に美味しくて、大満足。雨も止み、太陽も一瞬出てきてくれたので、ぶどう畑の前で写真も撮れました。外に出ると、立派な木が立っていて、丈夫な枝から大きなベッド型のブランコがぶら下がっていました。家にこんなお庭が欲しい！日本の感覚からすると夢のような話かもしれませんが、海外ではこういう庭を持っている人は沢山いるんです。

ここのワイナリーは、晴れている日だとみんな外の芝生に座ってピクニックスタイルで食事をすることもできるみたいです。美味しいワインと食べ物をブランケットに広げて、この景色に癒やされ、リラックスした雰囲気のカップルや家族の楽しい会話や笑い声が聞こえるんだろうな〜と勝手に妄想しました。またいつかお天気の日に戻ってみたい場所です。

Week 7

COLUMN

奇抜なビルが立ち並ぶメルボルン

by Osaru-san

メルボルンは、どこに行っても個性的で刺激的なデザインのビルや建物を見ることができます。

ショッピング施設やオフィスビル、博物館などの文化施設、大学などの教育施設に至るまで、法律で何かしらのデザインを加えないと建てられないと決まっている？ と思ってしまうほど、多くのビルが凝ったデザインを身にまとっています。

そんな現代建築に対し、メルボルンのシンボル的存在で1854年に建てられたエドワード王朝風の「フリンダース・ストリート駅」や、1939年に80年以上の歳月を経て完成したゴシック様式の「セント・パトリック大聖堂」等々、歴史的な建造物もあります。

さらには点在する公園の緑が融合して、メルボルン独特の景観を作り出しています。

散策しているだけで感性が刺激されます。

帰国し、この原稿を書いているときにわかったことなのですが、よく立ち寄っていたメルボルン最大のショッピングモール「メルボルン・セントラル」。古い弾丸工場跡のレンガ造りのタワーを円錐形のガラスドームが覆っているデザインは、歴史と現代が見事に融合し、メルボルン市民に愛されています。

そんな「メルボルン・セントラル」は、なんと日本人建築家・故黒川紀章氏の設計ということで、なんだか日本人として嬉しくなりました。

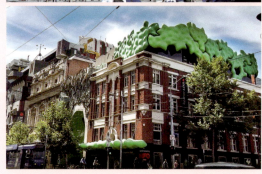

DAILY SNAPS

Patricia Coffee Brewers

裏路地に入ると看板も何もないカフェ。
Patriciaは、最近メルボルンで話題になっている standing coffee shop。
メニューはflat white, long black と filterしかありません。
何が流行るかわかりませんね！

Munching on grapes!

おさるさんがぶどうをつまみながら得意のパスタ作り。
オーストラリアのぶどうは、プリッとしてものすごく美味しいんです。
いつもスーパーで一番大きな袋で買ってました。

Impulse buys!

ふらっと立ち寄った雑貨屋さん。
こういうお店で可愛いものが沢山あるけど
意外と何も買って帰らないことが多くないですか？
ここではその真逆！
短時間でサンダルやジュエリーケース、
タンブラーなど、色々買って帰りましたw

Week 7

Mussels and cupcakes!

Market Lane Coffeeがあるプラーランマーケットのムール貝!
白ワインを使ったとてもシンプルで美味しいムール貝です!
可愛いカップケーキ屋さんがあったり、
とてもローカルな市場で落ち着いていますが見所も沢山!

Everyone needs coffee!

蛍光色のユニフォームを着た作業員の方々が
ホテルのカフェでcoffee break。

Pudding's Growth
(プリンの成長)

前の週はスツールを動かして、今週はスーツケース!
タイヤがついてる方が動かしやすいことに
気づいたのかも??

Week 8

MON	TUE	WED	THU
4/1	4/2	4/3	4/4
MODERN JAPANESE DINNER	PORT MELBOURNE	WORK DAY	WORK DAY
毎日のように通っていた Flinders Lane で見つけたモダンな和食レストラン。日本にはなかなかない発想の味付けやプレゼンテーションが新鮮！	メルボルンの港で母親と最後のランチ。小さな通りなのに、おしゃれなベビー雑貨やインテリアショップがあって、意外と買い物をするところが充実していてびっくり！		

P152

Unique shopping experiences!

個性溢れる楽しいお買い物！

FRI 4/5

SAT 4/6

SUN 4/7

MEET UP

シティのど真ん中にあるFlagstaff Gardensでmeet-upをしました！400人のちか友が集まってくださり、メルボルンの日本人コミュニティの強さを実感！

WORK DAY

INTERVIEWING SHIN-SAN AT ST. ALI

午前中は初のサウス・メルボルン・マーケットでお買い物！

午後は、お気に入りで毎週のように通っていたST.ALiのShinさんにインタビュー！

Vlogs

ほぼ毎週通っていたメルボルンのお気に入りカフェ☆（#796）

たった2年でラテアートの世界チャンピオンになったShinさん！英語もスキルもゼロからのスタート！（#797）

P160

Week 8

Lovely boutiques at Port Melbourne

ポートメルボルンの
素敵なブティック

　母親のメルボルン滞在最終日には、ポートメルボルンという港のエリアに行ってみました。実は、ゴードと行ったKomeyui（日本食レストラン）がこのエリアにあり、あの日の帰りのタクシーでライトが吊るされている可愛いレストランを見かけました。母親と最後のランチをどこにしようかな〜と思っていた時にそのお店を思い出しました。ポートメルボルンは、一見殺風景で海以外に何もなさそうですが、周りが高級住宅地でポツンポツンとおしゃれなブティックやカフェがあるんです。

　レストランの内装は期待通り可愛くて、入った瞬間テンションが上がりました。味は、イタリアン料理で華やかさはありましたがどちらかというと普通w。カクテルとおつまみ的なものを頼んで雰囲気を楽しむのにはおすすめなお店です。

ランチ後には、海の方まで散歩をすることに。特にショッピングの期待はしていなかったのですが、可愛い雑貨屋さんがいくつかありました。一軒目は、子供グッズも売っている雑貨屋さん。このお店は、クラフトのワークショップなども開催しているらしく、後ろには作業できるテーブルが並んでいました。子供が遊べるスペースもあって、子連れの買い物にはありがたかったです。

次に入った雑貨屋さんは、主にインテリア雑貨が多かったのですが、一角に可愛いベビーグッズも売っていました。実は、プリンの大好きな bed time storyの絵本はここで買いました。Megan Hessというオーストラリアのfashion illustratorが初めてチャレンジした絵本なのですが、パリに憧れるおしゃれ好きのネズミ Claris が夢を叶えるお話です。絵が

とっても可愛くて母親が一目惚れして、プリンに買ってくれました（実は、その後、「やっぱり可愛いからお家に飾りたい。プリンはまだ読めないしね」と言って家に飾っていたのですがw。その後シアトルに戻った時、この絵本をプリンが気に入ってしまい、親の家から取って来ちゃいました。← どうでもいい話w）。

お会計をしにカウンターにいくと、お店のオーナーさんのワンちゃんがいました。このお店は、オーナーさんの好きが思いっきり詰まったお店なんだな〜と私がモットーとしている Do What You Love が浮かんできました。どんなに夢だったお仕事でも大変なことは必ずあると思います。でも、大変なことを乗り越えた時に自分の好きなものに囲まれていたら、それは最高な生き方ですよね。

Week 8

My favorite market!

メルボルンのお気に入りマーケット

メルボルンには沢山のマーケットがありそれぞれテイストが異なるのでマーケット巡りがとても楽しいです。いくつかの市場に行きましたが、一番好みだったのはSouth Melbourne Market。観光客向けで大きなクイーン・ビクトリア・マーケットと比べて個性豊かで、ローカルなプラーラン・マーケットに比べても見所がさらに沢山あって賑やか。ほどよいサイズ感で、食品と雑貨、両方あるのでショッピングもかなり楽しめます。

マーケットの外側には飲食店がずらりと並び、賑やかなテラス席で食事を楽しめます。エントランスに入ると、野菜やフルーツのブースを想像していたのですが、いきなりめちゃくちゃ可愛いベビー服屋さん！ メルボルンでずっと履いていたピンクの革靴はここで買いました。

　市場というと簡易的なブースが並んでいるイメージかもしれませんが、ここは常設のお店が沢山。自分がイメージしていたマーケットと違いすぎて、かなりテンションが上がりました。お土産を買うところも沢山あるし、自分用の雑貨や洋服も買える！ 美味しそうな食べ物のお店もあって、一日じゃ満喫しきれません。

　なかでも衝撃的だったのは、おしゃれペットフード屋さん。牛、鶏、豚に加えて、さすがオーストラリア！ カンガルー肉なども売られていました。店員さんにペットがカンガルーを食べるのは普通なのかと聞いてみたら、牛などの牧畜に比べて、more ethically sourced（倫理的にいい環境で育っている）であるため、カンガルー肉を好む人もいるみたいです。外にはジャーキーや乾かした骨などがバスケットに並び、中の冷蔵庫には生肉が。ペット用のおやつやサプリまで。そして、パッケージがまあ、おしゃれ！ 男性向けのスパの商品かと思うぐらい。

　そしてSouth Melbourne Marketと言えば、オイスターバー！ 牡蠣好きの私にはたまりません！ 市場でお魚を買うような感覚で頼み、お店の前にあるちょっとしたカウンターで色んなソースを試しながら立ち食い。でも、私は何も掛けずそのまま食べる派。4種類3個ずつトライできるプレートを頼んでみました。私のお気に入りは、南オーストラリアにあるSmoky Bayの牡蠣。すっきりとした磯っぽい味が好みでした。日本より美味しい牡蠣はなかなかありませんが、ここはガヤガヤとしたマーケットの雰囲気を楽しみながら食べられて、また別の美味しさを感じられます！

　実は、少し前にもこのマーケットを訪れたのですが、残念ながら定休日でした。こちらのマーケットは、水、金と土日しかやっていないので、行く際は要注意。でも、海外によくあるSunday Marketなど週に1回しかやっていないところに比べると行く機会はかなりあります！ なのに、8週目まで行かなかった私たち。おすすめだよ！ とは言われていたのですが、マーケットの固定観念に囚われ、まさかこんなに素敵な市場だとは思っていませんでした！ 帰国前にお土産を買いにもう一度行きました。

Week 8

Latte Art Champion!

世界一のラテ・アーティストは日本人？！

滞在初期から通っていたST.Aliというカフェ。友達や母親がメルボルンに来るたびに連れて行ってたお気に入りスポットです。4回目ぐらいの来店の帰り際、カフェを出たら「ちかさん！」という声が。ST.Aliで働く日本人バリスタのShinさんでした！ST.Aliにはback officeのお仕事をされている萌さんという日本人の方もいらして、Shinさんのことはお聞きしていました。毎回タイミングが悪くなかなかお会いできずにいたのですが、やっと！繋がるべき人は、やっぱり自然と繋がるんですよね。そして、そんなShinさんはなんとラテ・アートの世界チャンピオン！是非インタビューさせていただきたく、滞在8週目になってしまいましたが、お話を聞かせていただくことに！

ラテ・アートで世界一を獲ったShinさん。日本の飲食店業界の働く環境を変えたいという思いでバリスタを目指しメルボルンにワーホリで来られました。

当初は、英語力もゼロ、バリスタ経験もゼロ、職探しにかなり苦戦されたみたいです。でも、Shinさんの明るくて積極的なキャラ（と、関西ならではのノリのよさw）でキッチンハンドからバリスタになるチャンスを手に入れられました。ST.Aliで出会ったラテ・アートの元チャンピオンの先輩にラテ・アートに向いていると言われたのをきっかけに練習を重ねたそうです。

そんな時にオーナーがもしチャンピオンになったらビザをスポンサーしてあげると提案してくれたらしく、そこからまるでアスリートのようにストイックなトレーニングを重ね、バリスタ歴2年で世界一を獲られました。今は、英語でのプレゼンテーション力が必要とされるバリスタ枠の世界一を狙っているとか。そんなShinさんもToshiさんのような先輩たちが日本人バリスタの道を作ってくれたから今がありますと話してくださいました。

そんなShinさんがおすすめするのが、エスプレッソ、ロング・ブラック、フラット・ホワイトを2種類ずつ試飲できる Coffee Adventure。私たちは、Shinさんに教えてもらうまで気づかず、メルボルン生活の後半で初めて試したのですが、本当は来店1度目に頼んでみたかったです！ST.Aliに行かれる方は、是非！ちなみに、エスプレッソの横に付いているスプーンは、砂糖を入れるためではなく、エスプレッソを飲む前にかき混ぜるためのものだそうです！かき混ぜると苦味がなくなり、すっと飲めるんです！砂糖を入れるためだと思った人？はーい🙋‍♀️（笑）。

DAILY SNAPS

Mother-daughter date!

母親と女子デート！
Hopetoun Tea Roomsに行こうと思ったら
行列だったので隣の建物にある
Royal St. Collins Tea Houseに行きました。
Vanilla Charlette Cakeがものすごく美味しかった！

Seaweed snack!

最近このようなカット海苔が海外のおやつとして人気！
昔は海苔が気持ち悪いと思われがちでしたが、
お寿司で一般化して海苔への抵抗もだいぶ減ったみたい。

Kids wanna shop too!

Port Melbourneのおしゃれスーパーには、
なんと子供たち用のカートも並んでいます。

Week 8

Italy in Melbourne

Carltonというイタリア系移民の方が多く住む
エリアのD.O.Cというお店でピザを！
周りにもファミリーで賑わうカフェやジェラート屋さんもあって、
イタリア文化を感じました。CarltonのBrunettiは、
シティに新しくできた店舗とは全く違って、
より伝統的なインテリアで
イタリアのファミレスのような雰囲気で楽しい！

We'll be back!

National Gallery of Artの
キッズexhibitに行ってみたら、
紙で動物のオブジェを作る
ワークショップが行われていました。
子供が楽しめそうなイベントや
アクティビティも沢山ある街なので、
プリンがもう少し大きくなったら
また戻ってきたい！

Pudding's Growth
（プリンの成長）

髪の毛が少し伸びてきたので、
母親がプリンの初ヘアカットを！
メルボルンの人々がフレンドリーすぎて、
プリンも誰にでも手を振るようになりました。
もう赤ちゃんではなくて、子供って感じ！

Week 9

MON 4/8

TUE 4/9

WED 4/10

THU 4/11

OSARU-SAN GETS A HAIRCUT

おさるさんがメルボルンのバーバーショップでヘアカットにチャレンジ！素敵なスタイリストさんにすごいイメージチェンジをしてもらいました！

THE UNIVERSITY OF MELBOURNE

メルボルン大学の日本語授業で動画作りについて少しだけレクチャーさせていただきました。上級者のクラスだったのでレクチャーは日本語、質疑応答で生徒の皆さんの日本語の流暢さにびっくり！

WORK DAY

WORK DAY

P166

An eventful week!
盛りだくさんな一週間！

FRI
4/12

SAT
4/13

SUN
4/14

VISITING YELLOWFIN!

Meet-upで出会ったちか友のゆかさんが働くIT企業を訪問！オーストラリアのオンとオフがはっきりしている働き方を肌で感じることができました！

QUEEN VICTORIA MARKET

明日Toshiさんファミリーがうちに来るということで市場で買い出し！

自家製レモネードにチャレンジするためにレモンをゲット！

GUESTS AT THE HOUSE

Toshiさんファミリーがお家に！実は、Toshiさんご夫婦は私とおさるさんと同い年！2歳の娘さんもいて、プリンと沢山遊んでくれるお姉ちゃん的な存在になるほど仲良くなりました☆

P170

Vlogs

海外の床屋さんで夫が散髪！
緊張しきて顔ガチガチ
（#786）

オーストラリアの会社に潜入！
働き方が最高すぎて震えた！
（#801）

Haircut in Melbourne

メルボルンの理髪店でおさるさんがヘアカット

by Osaru-san

3ヶ月近くの滞在となると、行きたくなるのが散髪です。日本では1ヶ月から1.5ヶ月ごとぐらいで切っていたので、メルボルンに出発する直前に切ったものの、伸び伸びになった髪を切りたくなりました。

メルボルンには、日本人が働く理髪店や美容室はあります。が…せっかくメルボルンに来たのに、それで良いのか？自問自答をした結果、英語で散髪に挑戦してみようと思ってしまいました。

この街には、理髪店が比較的多く、街中やショッピングモールでちょくちょく見かけます。

滞在先の近くに、オシャレな雰囲気の理髪店を見つけたので、そこで切ることにしました。人生で初となる海外の理髪店なので、ちかに事前にフレーズをレクチャーしてもらいましたがドキドキは消えません。お店が近づくにつれ、なんで英語で挑戦するって言ってしまったんだろうと悔やみました。

お店の外から店内を覗くと、入ってすぐのソファで雑誌を読んで待っている人がいました。順番待ちの間にフレーズの最終確認や、お店の雰囲気や流れをチェックできると思い、少し安心して足を踏み入れました。すると、ソファで雑誌を読んでいたお兄さんが「いらっしゃいませ」的な感じで声をかけてきました。

え、この人…店員さん!?
そうなんです。彼はお客さんではなく、休憩していた店員さんだったのです。

心の準備が整う間もなく、店に入って10秒後には、椅子に座りケープを掛けられていました。さっき習ったフレーズはすっ飛んでしまい、出てきた言葉は…「I want to be nice Aussie guy.」

腕にはがっつりタトゥーが入っていて、耳にはでっかい穴が開いている、一見強面のお兄さんでしたが、こんな訳のわからないオーダーでも、優しく受け止めてくれました。そして、動画を撮らせてもらうことも快諾してくれました。

つたない英語でのオーダーでしたが、一つだけ確実に伝えたいことがありました。それは、僕はおでこが広く、M字でハゲているように見えてしまう(というかハゲてる)ので…サイドの生え際は注意してほしいというお願いです。
これは、確実に伝えておきたかったので、必死に考えて出たのが…「Here is…be careful」「I don't want to be ニコラス・ケイジ」でした。

苦笑いされつつも、なんとか伝わりました！
「伝わればOK!?」
でも、ちゃんとイメージを伝えるには、画像を見せるのが一番だと思い、画像を見せるという手を使いました。見せた画像はオーストラリア人俳優…クリス・ヘムズワース。マーベル映画「マイティ・ソー」で主演も務めるイケメンのハリウッドスターです。

失笑されちゃうかと思ったのですが、「No worries」と快く受け止めてくれました。そして理髪師さんのハサミは、クリス・ヘムズワースに向けて進み出しました。

あとは完成まで、鏡の中の自分と向き合っていれば良いと思ったのですが、ちかから「何か会話をしたら？」という司令が飛んできました。

たしかに、無言でこのままいるのは、せっかくの機会を無駄にすると思ったので、何か会話をしてみようと思ったのですが、緊張で言葉が出てこない…。言いたい気持ちはあるんだけど、催眠術にかかったかのように唇が固まってしまって声が出ないのです。色々考えて出てきた言葉は…「I'm from Japan」でした。

こんな単純な言葉しか出ない自分を恥ずかしく思いましたが…勇気を持って話しかけたら相手も色々と話してくれました！「日本のどこに住んでるの？」「メルボルンにはどのくらいいるの？」などから、

Week 9

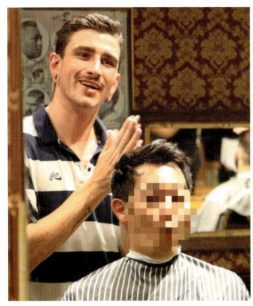

僕も頑張って「どこ出身?」と聞いてみるとイギリス出身ということがわかりました。

僕は高校生の時にイギリスに1ヶ月ほどホームステイしたことがあったのでその地名などを伝えると相手も喜んでくれました。共通点などができると、距離が一気に縮まるので嬉しいです。

理解できない部分や会話が噛み合わないところもありましたが、それでもコミュニケーションをとるのは楽しかったです。そして何より、彼が切ってくれた髪型がかなりイイ感じで、髪型だけはクリス・ヘムズワースに近づき、僕もちかも気に入りました！海外でヘアスタイルのチェンジに挑戦するのはドキドキでしたが、今回は挑戦してみて良かったです！

ちなみに、心残りなのは…せっかくメルボルンの理髪店だったのに、ビールを飲まなかったことです。実は、メルボルンの理髪店では、ビールを提供してくれるお店がよくあり、今回のお店も、看板に「GRAB A BEER」と書いてあったので、自分で冷蔵庫からビールを取って飲んで良かったのです！

ただ、初めての海外での散髪、そして、初めてのお店だったので、ビールを取るタイミングを見つけられませんでした。次回があれば、ビールを飲みながら、切ってもらいたいと思います。てか、メルボルンの人、どんだけビール好きなんだよ！　最高じゃんか！

お店では飲めませんでしたが、家に帰って飲んだビールはいつもより美味しく感じられました。

髪の毛切ってもらっただけなのに、すごい達成感を味わえました〜。

Week 9

Australia's "fluid" working style
オーストラリアのフレキシブルな働き方

今回のプチ移住は、「暮らし」というテーマのプロジェクトだったので、動画コンテンツもできるだけ仕事も含めた日々の生活寄りのものをシェアしたいと思っていました。ただ、私もおさるさんも自由業なので、一般的な働き方はしていません。日々のルーティンはなく、撮影に行く日、編集に行く日、イベントがある日、打ち合わせがある日、毎日やることが異なります。でも、ほとんどの方が会社という組織で働いているので、オーストラリアのoffice cultureをシェアできたらいいなと思っていました。

そんな時に、メルボルンでのMeet-upで出会ったちか友のYukaさんが Yellowfinというメルボルンの IT企業で働いていると話してくれたので、ダメもとで見学とかできないですかね?? と言ってみたら、すぐに会社のCEOに確認してくださり、撮影のOKを頂き、4日後に撮影することに！ 行く前から、Yellowfin

の決断の速さと柔軟性は現れていました。

Yellowfinは、企業向けのアナリティクス・ソフトウェアを作っている会社。そして、そこで働くYukaさんは、翻訳作業をメインに日本支社とメルボルン本社を繋ぐ架け橋となっています。

シティのど真ん中に建つ高層ビルの46階にあるYellowfinのオフィス。メルボルンを一望できる眺めは最高！でも、オフィス自体はいたって普通。最近のベンチャー企業によくある変わったソファや会議室はなく、日本でも見るような一般的なオフィスでした。Yellowfinの魅力は、インテリアやオフィスの作りにあったのではなく、そこで働く人にありました。

Yukaさんがデベロッパーが座るエリアを案内してくれていたら、Tシャツとデニム姿の男性がふらっと訪れました。YellowfinがアップしているYouTube動画を見ていたので、すぐにCEOのGlenさんだとわかりました。格好からしても、とってもカジュアルでフレンドリー。どうりで撮影もOKしてもらえたんだ！と、すぐに納得。

朝の10時から17時までYellowfinのオフィスにいたのですが、色んな方とお話ができてオーストラリアの方の仕事に対する考え方やYellowfin自身のcompany cultureをよく知ることができました。パートタイムで働くママのLorinさん、新卒で入ったデベロッパーのLeanneさん、一緒にランチをしてくださった皆さん、全員オープンに色々と話してくださいました。詳しい内容はぜひ動画で見ていただきたいのですが、特に印象に残った言葉をここでシェアさせて頂きます。

It's a part of doing business.
仕事の一部。

オーストラリアでは、7年間働くとlong service leaveという3ヶ月間の長期有給休暇を取れる制度があります。その点についてCEOのGlenさんに聞いたら、それも含めてビジネスだと仰っていました。社員の私生活を大切にすることも会社のトップとしての仕事の一つ。より多くの社長さんがそう思ってくれたら、もっと平和な社会になりそうですよね。

They'll be fine!
大丈夫よ！

インタビューさせていただいた働くママのLorinさんの旦那さんがちょうど長期休暇を取るため、彼女も休暇（彼女は、普通の無給休暇）を取って二人でアメリカを横断するらしいです。「Lorinが3ヶ月も休んだらみんな大変じゃないですか？」と聞いたら、「They'll be fine!」（大丈夫でしょ！）と笑いながら答えてくれました。社員の方が、休暇制度をしっかり使ってライフバランスを保つことはGlenさんが仰っていた通り、上司や会社のトップの仕事の一部なんですね。

The burden is shared by everyone.
負担はみんながシェアする。

周りに迷惑をかけるから休暇が取りづらいという日本支社の社員の人たちの考えた方に対して、Glenさんは休暇はみんなが取って、みんなが負担する。そうすれば、お互いに助かるでしょ？ とごもっともな意見をシェアしてくれました。

It's fluid. You can manage work around your own life, which is really important.
流動的です。自分の人生に合わせて仕事をすることはとても大事。

出社時間、お昼の時間、退社時間に関して聞いていたら、一緒にランチをしてくださった社員の皆さんが声を揃えてFluidと答えました。決まった形にはまらず、時と場合によって流動的に動くこと。仕事を中心に生きるのではなく、自分の人生を中心に仕事をする。まさにそうあるべきだなと思いました。

Creating an environment, where I'd want to work in.
自分が働きたいと思う環境作り。

Glenさんの奥さんも同じ会社で働いており、二人とも子育てをしながら仕事をすることを経験しています。その経験を元に、会社のカルチャーを作り上げる上で、自分も働きたいと思うような環境作りを意識しているみたいです。

We're more happy to fail having done something, than not do it at all.
トライして失敗した方が、何もトライしないよりいい。

オーストラリアと日本の働き方の違いについてGlenさんとJustinさんに聞いたら、決断のスピードが一番の違いと話してくれました。リスクは必ずあるし、リスクは決断の一つの要素にはなるが、オーストラリアの企業は日本と比べて情報が多少足りなくても決断できる体制であると。それに加えてGlenさんが「トライして失敗した方が、何もトライしないよりいいと思っている」と、心に突き刺さるような言葉で締めてくれました。

オーストラリアの会社がすべてこのようなカルチャーであるとは限らないですし、なかでもかなりフレキシブルな方だとYukaさんも仰っていました。日本にも最近は働き方を変えている企業もあります。ただ、一つの例として働き方だけではなく、生き方について学べることが沢山ある会社だと感じました。

取材の日は金曜日で、通常より早く切り上げるらしく、なかにはビールを飲み始める人も。Yukaさんから話は聞いていたのですが、本当に16時になると片手にビールを持ちオフィスをぶらぶらしている社員の方がいました。ランチをご一緒してくださったママの方は、16時になったら速攻帰っていました。帰るか、ビールを飲むか。

みんなが着ているTシャツは、Yellowfinのオフィシャル・シャツ。でも、表にはロゴも何もなく、ロ

ボットが恐竜をやつけているイラストが。ITが怪獣のような問題を解決することを表しています。さすが、メルボルンの会社、コンセプトがオシャレですよね!「企業」という感じもなく、シンプルにTシャツとして可愛い。メッセージ性が高く、アートにもなっている、おさるさんがすっかり気に入ってしまい、今でも週に一度は着ていますw。

Glenさんも Justinさんも言っていましたが、ワークライフバランスがいいからと言って、頑張らないとか働かないとかではありません。特に上の立場の人は、デスクの前に座っていなくても常に考えるべき課題は沢山。オフィスにいることだけが仕事ではないんです。休むことも仕事。それは私もよく感じます。無理してしまうと結局仕事に響きますし、続かない理由になったり、ストレスがたまったり、体を壊したり。

オーストラリアではそんなメンタルとフィジカルwellnessを大切にする意識が浸透しているだけではなく、それを支えるための制度がしっかりしている。ワークライフバランスは、社員の意識だけではダメ、会社から押し付けるだけでもダメ、双方の意識が揃って初めて成り立つものなんだなと感じました。

COLUMN

休暇と給与の話

by Osaru-san

メルボルンのプチ移住では「働き方」についても知ることができたのですが、驚きの連続だったのでシェアさせていただきます。

◆◆◆◆ 有給休暇について ◆◆◆◆

オーストラリアでは、有給休暇はなんと4週間もあります。しかも、病欠は含まれません。つまり、休暇として年間1ヶ月はまるまる休めることになります。もし、4週間取れなかったら、翌年以降に持ち越すことができます。セゾンカードの永久不滅ポイントのように、有給休暇も不滅です。

ちなみに、有給休暇ということは、休暇中もお給料が支払われるわけですが、満額が支払われるわけではありません。そりゃそうですよね。1ヶ月も休んでいつもと同じだけの給料をもらえるなんて虫の良い話があるわけないですよね…と思いきや、なんとー！ 基本給に17.5％（注：職種や雇用契約によります）追加された額が支払われるのです。

つまり、ビーチで寝転んでいる時、雪山を滑走している時、絶景にシャッターを切っている時…そんなお休み中のほうが、働いている時よりお給料が良いのです！テレビショッピングで1つのお値段だと思っていたものが、2つセットのお値段だった時以上の驚きです！

また、7年勤続すると長期有給休暇を取れる制度があります。州によって日数は異なるようですが、メルボルンのあるビクトリア州では、1.5ヶ月間のお休みがもらえるとのことです。消化できなかった分は、退職時に休暇日数分を賃金に換算し支払われるそうです。

◆◆◆◆ 賃金について ◆◆◆◆

よくオーストラリアは物価が高いと言われます。確かに日本より高く、500mlのペットボトルの水が350円～450円ぐらいします。ただ、賃金も高いんです！！

職種や州によっても異なるのですが、正社員の最低賃金は日本円にすると時給1500円ぐらいです。日本の最低賃金は、東京で1000円に到達するかしないか、全国平均では900円弱ですよね。オーストラリアの場合、カジュアルと呼ばれるいわゆるバイトの方が、正社員より最低賃金は高く25％増となり1900円近くの時給となります。

休日と祝日で賃金がUPするのも特徴で、休日は1.5倍、祝日になると2倍と賃金が上がります。メルボルンで出会った大学生のAlexくんは、休日にアパレルショップでバイトをしていて、時給はなんと2800円なんだとか！

このように休日・祝日の人件費が高くなることから、飲食店などは割増料金になるところもあり、入り口などに「今日は10％割増です」などと書いてあります。

そして、作業員の賃金が高いのもオーストラリアの特徴です。日本の建設現場の職人さんの平均年収は全国平均でおおよそ460万円となっていますが、オーストラリアでは670万円ほどになります。その理由は、これまでオー

ストラリア経済が成長を続けていたことと、オーストラリアでは危険を伴う業種や体力を必要とする職業の組合が力を持っていて、賃金が高く設定されていることで、高収入となっています。最も収入の高い業種は採鉱業で日本円で年収1200万円近くにもなります！

メルボルン滞在期間中、蛍光色の黄色いベストを着た作業員の方々が、お高めのカフェでベストを着たままブレイクタイムを過ごしている姿や、イタリアの高級スポーツカー・マセラティに黄色いベストをかけて乗っている方も見かけました。
（参考：https://papainaus.com/australia_salary_by_state/）

◆◆◆◆ 勤務時間について ◆◆◆◆

メルボルンを夕方歩いていた時のこと。オフィスビルからビジネスマン、ビジネスウーマンが一斉に出てきて、地下鉄の入り口へと向かっていきます。その流れに逆らって歩く僕らは、牛追い祭りを逆走しているかのような気分でした。

それぐらいメルボルンの人たちは、17時になるときっかりと仕事を終えオフィスを後にします。実際には、16時ぐらいから会社を後にする人たちがいます。

オーストラリアの人は時間内に仕事を終えられないということは、自分の仕事をマネジメントする能力がないということになるようです。また会社側も、残業させてしまうということは、時間内に終えられない仕事を与えてし

まっているということになるようです。
一定時間の残業も認められていますが、上限は週38時間となっていて、それ以上残業させてしまった場合は、雇用主である会社には罰則があるため、社員にはきっかり定時で帰ってもらわねばなりません。

オーストラリアでは、学校がお休みの期間中など、普通にお子さんを連れてくることもよくあるようです。実際、メルボルンのIT企業にお邪魔させてもらった際、オフィスの中にお子さんがいてびっくりしましたが、周囲の人は普通のことなので特に何も気にしていませんでした。

お子さんを働きながら見ていられるだけじゃなく、パパやママが働いている様子を子供が見ることもでき、教育的にも良い気がしました。

◆◆◆◆ 効率よく働く！ ◆◆◆◆

休みも多く、残業もしない！ となると、ゆるゆるの働き方をしているのかと思いきや…。メルボルンのビジネス街では、ビシッとスーツを着た人たちを見かけますし、サービス業の人たちの接客もとても丁寧です。

国民一人あたりの経済力・生活水準を表す「一人あたりの名目GDP」（2018年）を見ても、日本が39,305.78（US$）に対し、オーストラリアは56,351.58（US$）で、日本より生産性が高いことがわかります。

◆◆◆◆ まとめ ◆◆◆◆

日本人の僕からすると驚きの連続で、何度椅子から転げ落ちそうになったことか…。
仕事と生活の調和という意味で「ワーク・ライフ・バランス」という言葉がありますが、オーストラリア・メルボルンは、「ワーク」に重点が置かれているのではなく、豊かな生活を送るために仕事がある…。つまり「ライフ・ワーク・バランス」なんだと感じました。

COLUMN

睡眠時間とGDP

by Osaru-san

世界で最も睡眠時間の長いオーストラリア。なのにGDPは日本より上…。次ページの表が示すように、オーストラリアの人は、よく遊び、よく寝て、集中して働く…といったイメージです。

メルボルンのレストランは21時ぐらいに閉店してしまいます。きっかり17時に仕事を終えて、18時ぐらいから夕食を食べたら、自宅でゆっくり過ごし就寝…そんな感じでしょうか。

もちろん、Barなどでお酒を飲むことも多くありますが、週末に比べて平日はそこまで飲んでいないような印象があります。やはり、そこの表が示すようにオーストラリアの人は寝るのも早いのかもしれません。

逆に日本は、オーストラリアとGDPはほとんど一緒なのに、睡眠時間は最低…。

「日本て、なんて効率が悪いんだ…」と最初は思ってしまいましたが、この表が示す結果について考えているうちに、最初の印象とは異なる考えが浮かんできました。

オーストラリアは、資源が豊富であるため、それが基となり経済が発展してきています。しかし、資源の乏しい日本は、文字通り寝る間を惜しんで必死に働かなければ、現在に至る高度経済成長は遂げることができなかったんじゃないかと思います。

そう考えると、この表はこの国を築いてきた諸先輩方の汗の結晶なんだと思います。日本人の勤勉さは、海外でも高い評価を得ています。今回、メルボルンでお会いした、Toshiさんも、Shinさんも、

Week 9

朝のカフェはいつも行列！ オーストラリアの人は結構寝てるはずなのに、朝のコーヒーは欠かせないのですね 笑

Makoさんも寝る間を惜しんで働かれ、Toshiさんはお店の味を決める「ヘッドロースター」、Shinさんは世界一のラテ・アートバリスタ、Makoさんは人気店を束ねるマネージャーとして働かれています。

これからも日本が成長を続けるには、この勤勉さは欠かすことはできないと思います。ただ、インターネットの登場などにより、働き方が変化しているのも事実です。

新しい働き方や、新しい経済を見つけ、先人たちの努力を受け継ぎ、それを発展させていけるよう各世代が頑張る必要があると思います。そうすれば、睡眠時間を増やしつつ、経済を成長させていくこともできると思います。

この表は、そんなことを気づかせてくれました。

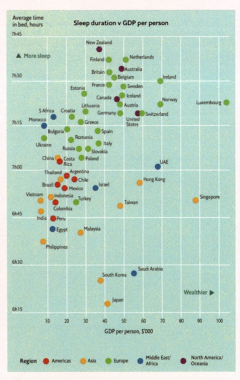

出典：Cited from https://www.1843magazine.com/data-graphic/what-the-numbers-say/which-countries-get-the-most-sleep

DAILY SNAPS

Mystery Saturday

クロワッサンサンドが美味しい
take outカフェを見つけました。
また来たい！と思って営業時間を確認したら、
謎の土曜日…オーストラリアあるあるの気まぐれ営業！

お客さんがあまり入ってなかったら、
早めに閉めちゃうお店も少なくないので、
閉店時間の2時間前には行った方がいいですw。

Morning Coffee

プリンをデイケアに預けた日は、
仕事前にコーヒーを買って
ちょっとだけ us time 😊

Week 9

Creative marketing!

「バンを持つ男」
ちょっと不思議なトラックを見かけました。
気になって調べたら、なんと引っ越し業者さんでした！
マーケティングが上手い！
ちなみに、オーストラリアでは
引っ越し業社 (moving company) のことをremoval company
というらしく（イギリス英語に由来）、びっくり！
撤去業者、なんかすごい響ですねw。

Rainbow surprise

雨上がりにシティの先に虹が！
ツイッターで「珍しく雨！」とツイートしたら、
「しょっちゅう降るよ！」とリプされました。
私たちがいた時期はちょうど夏から秋に入る時期で、
何日間の猛暑以外はとても過ごしやすく、
いい天気のイメージしかないのですが、
冬は結構厳しいみたい！

Pudding's Growth
（プリンの成長）

おさるさんのお顔の怖さを初めて認識！
一緒に動画を撮ろうとしたら大泣きw。
一方、私がHey guys!
というと一緒に手を振るように☆

Want one!

Queen Victoria Marketで見かけた
ちょっと面白いカート。
お店のものではなくて、個人使用！
車に積む時はバスケットを外せて、収納も楽チンそう！

Week 10

MON	TUE	WED	THU
4/15	4/16	4/17	4/18

FOLLOWING ALEX!

シティでばったり出会った大学生のAlexの一日を追わせていただきました！

朝からトラムに乗ってAlexのお家までお邪魔しました！

FUN AT THE HOT SPRINGS

プリンがオーストラリアで一番気に入ってた観光スポット、モーニントン半島のPeninsula Hot Springs！

LANGUAGE SCHOOL TOUR

Meet-upで出会ったちか友がメルボルンの語学学校で働いているということで、おさるさんの語学学校体験の企画がスタート！まずは見学に行かせていただきました☆

EASTER BREAKFAST & FIRST BABYCINO!

午前中はプリンのデイケアで主催されたイースターブレックファストに参加！午後は、Market Lane CoffeeでToshiさんに初めてのBabycinoを作っていただきました！

 P184

 P188

 P192

Last day trip & a quiet Easter weekend

最後の遠出と静かなイースター

FRI 4/19	SAT 4/20	SUN 4/21
CHILLING AT THE PARK イースターでデイケアがお休み！お昼にサンドイッチを買って、近くの公園でのんびりしました。	**MELBOURNE ZOO** シティからトラムで10分ほどの立地にもかかわらずかなり充実しているメルボルン・ズー。プリンはゾウやキリンなどより蝶々に興味津々でした！	**OUTLET SHOPPING** イースターでシティのお店はほとんどお休み。川沿いを散歩していたら沢山の人が…なんとDFOというアウトレットがバリバリ営業中！気になっていたブランドでお得な買い物ができて大満足！

Vlogs

オーストラリアの温泉に行ってみたらびっくりたまげた！（#790）

オーストラリア発祥!赤ちゃん用のカプチーノ?!娘の「ベビーチーノ」デビュー！（#794）

これが普通かわからないけど…オーストラリアの大学生のオシャレな私生活!（#804）

Week 10

Life of an Australian Uni Student!

メルボルン大学生から
もらった
おしゃれ生活のヒント

街中で声をかけてくれるちか友のみなさんは、9割方日本人の方なのですが、たまに日本語を勉強している外国の方や、日本人のパートナーがいる方にお会いすることもあります。メルボルンでは、日本語を勉強しているアジア系の方にはちょこちょこ声をかけて頂いていたのですが、ある日シティを歩いていたら、現地の学生さんに「Are you Chika??」と聞かれて、びっくり。その方はメルボルン大学に通う大学3年生のAlex。

日本好きって感じでもないし、まだ結婚もしてなさそうだし、「なんで私のチャンネルに登録しているの?」と聞いたら、昔、親の仕事で日本に住んでいて日本語を維持したくて見ているとのことでした。そんなパターンもあるんだ！

現地のちか友と繋がることがあまりないので、私も嬉しくなって思わず、「オーストラリアの大学生の1日を追いたいんだけど、どう?」と聞いてみたらOKをもらいました。その後、インスタでやり取りを重ねて一度お茶をして（メルボルンでは「コーヒーをして」が正しいですねw）、この週になって1日取材をさせて頂くことに。

プリンをデイケアに連れて行き、トラムで45分ほどかけてAlexのお家に向かいました。人のお家にお邪魔する企画は今まであまりなかったので、住所を見て探しながらちょっとドキドキ。しかも、お家の玄関が海外でよくある二重ドアになっていて、内側が開いても外側の網戸でAlexの顔が見えず、最後の最後までここで合ってるのかな??と恐る恐る伺いました。

外観は、少し古めの物件で決しておしゃれな感じではないのですが、中に入ると天井が高く壁が真っ白でとてもすっきりとした感じ。入ってすぐがAlexのお部屋。早速覗いてみると、まるでミニマリストのお部屋！大きなMacのみ置かれている白いデスク。ごちゃごちゃしたものが一切ない。必要最低限のものだけ。「なんにもないんだね！」という私のリアクションに対して、「まあ学生で貧乏だしね」と気さくな答え。

デスクの奥には洋服をかけるハンガーラックがあり、黒いアイテムのみ掛かっていました。「黒が好きなんだね」とコメントしたら、どうやらシーズン毎に着るカラーを変えているとか。色を統一することによってどのアイテムが必要なのかがわかりやすくなり、買い物も楽だと説明してくれました。私のインスタグラムをフォローしている方は気づいたか

もですが、最近私が白しか着ていないのは完全にAlexの影響ですw。でも、本当に彼の言う通りで無駄な買い物も減ったし、毎日のコーデを決めるのもグーンと楽になりました。海外に行くとカラフルな背景が多いので、白であればなんにでも合うと思って白を選びました。

お部屋の後はリビングを案内してもらったのですが、なんてすっきりしていておしゃれ！ 学生でこんな洗練されているお家に住んでいる人いる?? 恐らく、オーストラリアにもそんなにいないかと思いますw。暖炉の上の棚にはスパにあるようなキャンドルと自分で採ってきたというフェザーグラス。おしゃれかつ経済的！ 本当に無駄がなくスマートな生活をしているように感じました。まだ若いのに関心！

ルームツアーの後は、近くのお気に入りカフェに連

れて行ってもらい、最終的には学校までついて行きました。トラムの中でも色んな話をしてくれて、オーストラリアの物価の話になりました。オーストラリアはなんでも高いと言われますが、「学生からすると大変なんじゃない」と聞いてみたら、現地の人は物価に見合ったお給料をもらっているのでそこまで大変に感じないとのこと。Alexは、モールのアパレルショップでバイトをしているのですが、時給は21A＄。土曜日働けば、26A＄、日曜日だとなんと38A＄（その頃の為替だと2800円）！ 外食や贅沢品は日本と比べると特に高いですが、現地の人にとってはそれが普通なんだなと思いました。そして、いつも思いますが、日本は安すぎ！

Alexは、メルボルン大学で建築を専攻しています。彼の暮らしを見ると小さい頃から建築士になる大きな夢を持っていたように感じますが、彼が建築を勉強するきっかけは意外と単純で（けど、面白くて）、日本のドラマだったとか。そのドラマの主人公が建築士で自分もなりたいと思ったそう。きっかけはライトでしたが、すごく向いていたのか、生活を完全に統一して勉強だけではなく形からもしっかり入っているのがすごいと思いました。

私は意外と自分のスタイルが定まっていなくて、これもあれもいいと思ってしまうタイプなので、決めたテーマでブレなく生きている人はすごいなといつも思います。徹底している感じが格好いい！ なかなかここまでゆっくりと学生さんと話すことはないのですが、Alexと一日過ごして、年上、年下関係なく自分さえフラットでオープンでいたら、その人から学べること、インスパイアされることは沢山あるんだなと感じました。

Week 10

Peninsula Hot Springs

日本にも欲しい！と思うほど素敵なペニンシュラ温泉

by Osaru-san

メルボルンから車で1時間半ほどのところにある、ワインの産地としても知られるモーニントン半島。レンタカーで向かいましたが、メルボルン市内から20分もすれば、広大なオーストラリアの平野を気持ち良くドライブすることができます。

目的地が近づくと、見慣れた温泉マークがペニンシュラ温泉の入り口であることを教えてくれます。オーストラリアで温泉マークを見ると、このマークは万国共通なのか？ と思ってしまいますが、そもそもペニンシュラ温泉は、日本の温泉に魅了されたオーナーが、日本人の奥様と一緒に作り上げた、オーストラリアで唯一の天然温泉ということで、日本人が知る温泉マークとなっています。

中に入ると、日本の温泉の概念と全く異なる、温泉のワンダーランドが広がります。日本の温泉とは違い、水着を着て入ります。更衣室は女性・男性に加え、ファミリー用があり、プリンのように小さな子がいても協力して着替えさせることができるのでありがたかったです。

ちなみに、赤ちゃんを入れて良いのか施設の方に確認すると、温度が高い温泉や深い温泉があるのでそこは注意が必要だけど、それ以外は問題はないとのことでした。オフィシャルWEBサイトのトップページにも、赤ちゃんと入る写真が掲載されていました。一部16歳未満は入れないエリアもあるので、ゆっくりと静かな環境で過ごしたい大人の方も心配いりません。

プリンにとっては人生初となる温泉でしたが、お湯

の温度は熱すぎず、ゆっくりのんびり浸かってものぼせません。Baby bathsという、石でできた小さなバスタブが大好きで、ずーっと入っているんじゃないかと思うぐらい気に入っていました。

広大な敷地には、川が流れ、池や滝があり、小高い丘からはどこまでも続くような平原と、美しいオーストラリアの自然が広がります。

トム・クルーズとニコール・キッドマンの映画「遥かなる大地へ」でトムとニコールが馬に乗って平原を走るシーンのような光景です（ま、あの映画の舞台はアメリカですが…でも、ニコール・キッドマンは初めてアカデミー賞の主演女優賞を獲得したオーストラリア人女優で、今でもオーストラリアに家と農場を持っているんですよね）。

そんな雄大な自然の中に様々な種類の露天風呂が点在しています。

ハイキングの途中途中に温泉に入るようなイメージと何かに書かれていたのですが、まさにその通りで、温泉と同時に自然を満喫することができます。

驚いたのは、飛び込みOKのサイン!? そりゃ子供たちは、飛び込んだりしたくなる…でも、僕の中の常識では、温泉に飛び込むなんて絶対にNGだと思っていたのですが、「ココなら飛び込んでOK！」というスポットがあるのです。

全部ダメダメではなく心理や欲求を理解し、それをサラリと受け入れてくれるスタイルにオーストラリ

> 全部ダメダメではなく心理や
> 欲求を理解し、それをサラリと
> 受け入れてくれるスタイルに
> オーストラリアらしさを感じました。

アらしさを感じました。
そんな素敵な温泉に、僕もちかも、そしてプリンも完全にリラックスし、一日を過ごすことができました。日本の温泉文化がこうして海外で広まっていることを誇らしく思いますし、オーストラリア流にアレンジされた温泉は新鮮で、日本に逆輸入されたら面白いんじゃないかとも思いました。

またメルボルンに行った際には、早朝からここで丸一日を過ごしたいと思います。今後は宿泊施設も建設されるということで、泊まりがけでも行きたいお気に入りスポットです。

Week 10

Pudding's first Babycino!
プリンのベビーチーノデビュー！

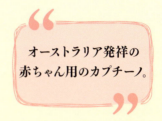

"オーストラリア発祥の赤ちゃん用のカプチーノ。"

Market Lane CoffeeのToshiさんをインタビューした時に、プリンちゃんの初ベビーチーノを作りたいです、と仰ってくださいました。ベビーチーノってなんだろう?? 私は、その時、初めて聞きました。ベビーチーノはオーストラリア発祥の赤ちゃん用のカプチーノ。カフェインは入っておらず、ミルクをふわふわにスチームしたもので、少し大きくなるとチョコレートパウダーがかかっていたり、マシュマロをのせることもあるみたいです。

Toshiさんの娘さんのさくらちゃんがベビーチーノを飲む姿は、まるでベビーチーノのCM！さすが、Toshiさんのコーヒー DNAが入っている！

オーストラリアのイタリアンコミュニティから生まれた文化らしいのですが、大人たちがコーヒーを楽しんでいる時に、子供たちも何か楽しめないかという発想で始まったとか。元々は、大人用に作ったカプチーノのフォームをスプーンですくって子供にあげていたみたいです。今は、ベビーチーノ用にミルクをスチームしてくれます。マックのメニューにもあってびっくり！そして、なんと最近は日本のマックのメニューにもあるとか。ヨーロッパでは、スターバックスでも頼めるみたいです。

帰国する前にぜひプリンちゃんのベビーチーノを！と言ってくださったので、Toshiさんが働くMarket Lane Coffeeにまたまた遊びに行きました。Toshiさんが作るベビーチーノの、microfoamは、ミルクをスチームしただけとは思えないほどクリーミーでふっわふわ。なんて贅沢な初ベビーチーノ!! 初ベビーチーノどころか、初牛乳だったので、どうかな〜と思っていたら、プリンは大喜び！飲んでいたというよりも遊んでいたの方が正しいかもしれないですがw。

お風呂の泡で遊ぶようにmicrofoamで遊んでいました。しまいには口の周りがmicrofoamだらけで、まるでサンタクロースみたいになっていましたw。

プリンがベビーチーノを飲み終わった後、Toshiさんが私とおさるさんにフラット・ホワイトとフィルターを作ってくださいました。あ〜、美しいし、美味しい！Toshiさんの奥さんのMiyukiさんがプリンを抱っこしてくれていたので、ゆっくりといただけました。

ワンちゃんがいたり他の子供たちがいたり、とっても温かくてファミリーを感じる場所。もっと通いたかった！帰り際には、Market Lane Coffeeのオーナーのフローラさんがちょうどオフィスに移動するところで少しだけお話しできました。Market Lane Coffeeのシンプルで格好いい雰囲気から、勝手に男性の創業者をイメージしていたので、女性と知ってちょっとびっくりしたのと同時に、このカフェの居心地のよさと温かさに納得！

Week 10

COLUMN

ドライブスルー酒屋？

by Osaru-san

ペニンシュラ温泉の帰り道「THIRSTY CAMEL bottleshops（のどが渇いたラクダ）」という黄緑の看板のお店を見かけました。

何のお店だろう〜？ と話していると、お店から車が出て来ました。ドライブスルーのようなのですが…何のお店かわかりません。気になったので一度は通り過ぎたものの引き返してみました。

なんとTHIRSTY CAMEL bottleshopsは、ドライブスルー式の酒屋さん！ ドライブスルーリカーショップは初めて見ました。面白そうなので、体験してみることに。

ドライブスルーレーンから入ると、店員さんがやって来て「何が欲しい？」と声を掛けてくれます。メルボルン産の有名なビール「VB（ヴィービー）」を6本注文しました。

そして、店員さんが商品を車まで持ってきてくれ、支払いをするというスタイルで、まるでフルサービス式のガソリンスタンドのようです。お酒は一度に買うと重いので、車まで持ってきてくれるのはありがたいですよね。特に、メルボルンの人はビールが好きだから、大量に買うと思いますし。

こういったお店があるのも、オーストラリアっぽい！ と思いました。

DAILY SNAPS

Baby gift

お気に入りのベビーブランドのSeedで
最近お子さんが産まれたお友達たちに
可愛いオーストラリア土産を！
新生児サイズしかなくて、
プリンはもう大きすぎました（涙）。

Taxi shot gun!

オーストラリアに来て
ものすごい不思議だと思ったのが、
お客さんがタクシーの助手席に乗っていること。
Gordoに聞いてみたら、
運転手さんと話したい時は前に、
そうでもない時は後ろに座ると教えてくれました。
にしても、前に座っている方が多くてびっくり！
みんなお話したいんですね。

Week 10

Fun at the zoo!

プリンを連れて
メルボルン動物園に行ってみました！
ゾウさんとかキリンさんとかで
テンションが上がると思っていたら、
一番のお気に入りは蝶々が自由に飛ぶ
Butterfly Houseでした🦋

Power of music

よく通っていたDukes Coffee Roastersの前で
思わず立ち止まってしまったstreet performance。
どうやってこんなピアノを持ってきたんだろう？
と思いながら、気づいたら綺麗な音楽に
魅了されていました。

Pudding's Growth
（プリンの成長）

プリンの初工作！ 後ろには名前も
ぐらぐらな字でしっかり書いてありました。
こんなことできるの?! と私とおさるさんは感動。
デイケアは家ではなかなか思いつかないことを
どんどんやってくれるので、すごい学びの場所ですよね！
あ、そして歯磨きを始めました！

Week 11

MON	TUE	WED	THU
4/22	4/23	4/24	4/25

OSARU-SAN GOES TO SCHOOL!

おさるさんは朝から語学学校！私は友達のAJとランチ、午後はDukes Coffee RoastersのMakoさんにインタビュー！

WORK DAY

WORK DAY

LAST FLAT WHITE

Market Lane Coffeeに来るのもこれが最後…。お土産用にToshiさんが焙煎してくださったコーヒー豆を爆買いw！

Our final week! Visiting favorite people and places!

最後1週間！ もう一度行きたい場所、会いたい人

FRI 4/26

FAREWELL PARTY

メルボルンで出会った素敵な人たちと最後にホームパーティーを！オーストラリアでよくあるポットラック形式で皆さん美味しいものを沢山持ち寄ってくださいました！

SAT 4/27

GOODBYE CASTLE!

プリンのお城（ベビーサークル）ととうとうお別れ。街中でばったりお会いしたちか友の方に買い取っていただきましたw。

夜は、最初のAirbnbの目の前にあるお気に入りのフォー屋さんでディナー。

SUN 4/28

ONE LAST TIME

最後のフリーデー。ギリギリまで詰め込む私たち、前から気になっていた寄付制レストランLentil As Anythingでランチをしたあと、お気に入りのSouth Melbourne Marketでお土産を買って、最後にST. ALiで食事を！

Vlogs

語学学校 in AUSTRALIA
夫が海外の語学学校に?! 40才から英語をやり直し！（#805）

納豆に挑戦！
オーストラリアの友達が納豆に挑戦え？まさかの...（#806）

最後の週末！ FINAL WEEKEND in MELBOURNE
メルボルンでの移住生活 最後の週末！ホムパ＋お土産＋パッキング！相変わらずバタバタ 汗（#808）

Week 11

Osaru-san goes to English School!

語学学校で芽生えた意識

by Osaru-san

メルボルン滞在中、一日だけ語学学校に行きました。Meet-upで、語学学校の方からお声がけを頂き、見学をすることになったのですが、せっかくならば授業を受けてみては？ということになり、別の日に一日体験を特別にさせてもらいました。

当日、緊張しながらクラスに入ると、まだ誰も来ておらず、教室で一人で待っていたら、一人の生徒が入ってきました。勇気を振り絞って挨拶をしてみるも「OK」というそっけない返事で会話は終了。再び沈黙が流れ、次第に他の生徒もやってきて、授業が始まりました。

いくつかの大きな円卓があり、みんなで囲むように座ります。この日の授業の内容は「複数形」や「過去形」などでした。授業の形式は、ただ単に先生の解説を聞き、覚えるというものではなく、隣の席の人とペアになり協力しながら問題を解いたり、グループごとに競うゲームのようなものもあり、楽しみながら勉強するといったスタイルでした。

また、作文を書くレッスンでは、休日の思い出を書いたのですが、先生が添削するのではなく、生徒皆で間違っている箇所を指摘するというものもありました。自分の作文を皆がじっくり見るというのは恥ずかしさもありましたが、同時に他の皆の作文を読み文法のミスなどを見つけることは、リアルな問題文による読解問題としてとても勉強になりました。

さらに別の授業では、スマートフォンを出すように言われ、Kahoot!（カフート）というWEBサイトにアクセスし、指定されたコードを打ち込むように指示されました。すると自分のスマートフォンと教室のモニターが連動し、出題された問題に対する選択肢がスマホに表示されます。スマホを使って回答すると、正解が発表され自分が正解していたのか、不正解だったのかがスマホの画面に出ます。さらに教室のモニターには、正解者の中で回答時間が早かった人が表示されるなど、さながらテレビ番組の「オールスター感謝祭」のよう。スマホを使って勉強するって新鮮でした。

クラスには、中国、台湾、韓国、チリの生徒がいましたが、みんな英語は初歩レベルです。英語での会話は成り立たないため、休み時間になると母国語で話します。このクラスに日本人はいなかったため、休み時間は一人で過ごさざるを得ませんでした。少し寂しくもありましたが、みんな英語のレベルは僕と同じぐらいなので、授業で指されて回答して間違っていても恥ずかしくありません。

また、先生も初歩ということを理解してくれているので、ゆっくりと話してくれたり、こちらが言いた

Week 11

いことを理解してくれようとするので、心が折れずに話すことができます。ただ、みんな自分の英語に自信がないので、声が小っさい…。みんな同じなんだと思うと同時に、やっぱり声が小さいと伝わらないことが客観的にわかったので、自分も声を張らなきゃいけないなーと理解できました。そんなこんなで語学学校体験を経て、感じたのは…勉強するのがすごく楽しいということ。

これまでは、ちかが英語が話せるので、それに頼っていた自分がいて、コーヒーの注文や、ガソリンを入れるぐらいの英会話さえできれば、あとはちかが何とかしてくれると思っていました。でも、英語を学ぶ楽しさを感じたことによって、「自分でも話したい！」という気持ちがふつふつと湧いてきたのです。40歳を過ぎた今ですが、自分を変えてやりたいです。

そして、英語が上達したら、世界中の人と会話をしたり、英語を使ってビジネスの幅も広げていきたいです。また、娘のプリンにもたくさんの世界を見せてやりたい。

そんな僕は今、この原稿をフィリピンのセブ島で書いています。留学に来ているのです。1ヶ月間という期間ですが、8時間マンツーマンのレッスン、2時間のセルフスタディーで一日合計10時間！で英語を勉強をしています。受験生の時ですら、こんなに英語を勉強したことはありません。

でも、メルボルンで芽生えた「英語をちゃんと話したい！」という気持ちによって、この10時間の勉強も意欲的に取り組むことができています。たった一日でしたが、僕の中では人生の転機となる一日でした。

最後に、僕が体験させて頂いたメルボルンのExplore Englishの皆さんお世話になりました。快く受け入れて頂きありがとうございました。そしてマーケティングを担当するヘミさん、貴重なきっかけを頂きありがとうございました！

Week 11

Food for everyone
誰でも食べられる寄付制レストラン

行きたいと思っていたところは結構制覇していたので、最後の週は基本的に思い出のスポットを巡ろうと思っていたのですが、一箇所だけ行きそびれていたところがありました。滞在当初からおすすめされていたLentil As Anythingという値段のないレストラン。「来週行こう」が毎週続き、とうとう最後の週になってしまいました！

値段がないというのは、すべて寄付制だからです。Pay what you want（払いたいだけ払う）とよく勘違いされるのですが、実際は Pay what you can（払えるだけ払う）システムです。経済力に関係なく、誰でも健康的で美味しい食事を食べる権利があるという創業者の強い思いの下にできたお店です。

どんな料理が出るのか？ ここのお店はビーガン料理でお肉や動物性製品は一切使われていません。おさるさんはインドカレーにし、私はなんと "okonomiyaki" を頼んでみました。このお好み焼き、結構美味しいんです！ 薄いパンケーキのような生地の上にお好みソースとマヨネーズが掛かっており、その上にルッコラとトマトが！ 実際のお好み焼きのように具が中に入ってはいないので、とても軽くてぺろっと食べられちゃいます。そして、ルッコラの苦さとお好みソースの甘さが意外とマッチしていて美味しかったです。

支払いは、カウンターに置かれている寄付ボックスに現金を入れるだけ。クレジットカードで寄付したい人たち用にカードのリーダーも置いてあります。店員さんと話すことなく、払える額を払って終わり。

いくら払えばいいんだろう？ と戸惑う方もいると思います。そんな方に、寄付の目安がしっかり書かれていました。例えば、「5ドル以下の寄付だと食事のコストはカバーされないので、ボランティアするのはどう？ 12ドルの寄付で食事のコストと人件費を払えます。でも、それ以外のキッチン器具ののメンテナンス費用やデリバリー車両費などがあります」など、いくら払えば何がカバーされるかがしっかり書かれています。

オープン当初は、この寄付制度を悪用する人も多く、赤字で経営的に大変だったみたいですが、今はメルボルンに4店舗あり、Uber Eatsも始めたようです。欧米と同様、オーストラリアでも寄付の文化は比較的強いですが、寄付制度を導入している飲食店はまだまだレア。でも、このようなお店が複数店舗成り立っていること自体がすごくて、メルボルンの人々の寄付に対するオープンさが現れていると感じました。

行ってみないと！と思っていたLentil As Anythingをチェックリストから外すことができてよかった！この後、South Melbourne Marketと最後のST. ALiに行き、Airbnbに戻ってパッキングを始めました。

206

Week 11

COLUMN

メルボルンとビール

by Osaru-san

3ヶ月滞在してわかったのは、メルボルンの人はコーヒーと同じようにビールが好きということ。

リカーショップには、日本でいうところのアサヒやKIRIN、サッポロといったメジャーなブランドのビールももちろん売られていますが、同じぐらいの割合でローカルなクラフトビールも販売されていて、どれを飲んで良いのか悩むほどです。なので様々なビールを味わう楽しさがあります。

また、街中にあるパブかと思いきや、実はビールの醸造も行うブリュワリーなんてことがちょくちょくあります。そして、メルボルンのビジネス街では、昼からビジネスマンがビールを片手にランチミーティングをしている光景を目にします。

日本でやったら絶対にアウトなことですが、メルボルンではよく見かけます。

自分の中の常識では、仕事中→飲酒→ナシという固定概念をもっていますが、その固定概念を捨て去り考えてみると、ビールを飲むことで相手と打ち解け、ビジネスが上手くいくならビールを飲むのもアリなのかもしれませんね！

メルボルンのIT企業（Yellowfin）にお邪魔した時、金曜日の夕方だったので普通に「ビール飲む？」と差し出されました。僕はありがたく頂戴したのですが、ちがはお酒が飲めないと言うと「この会社にノンアルコールの飲み物あるかな～？」と半分冗談、半分本気で言っていました。

また、その会社で金曜日の夕方に行われるミーティングでも、ビールを片手に参加している人もいました。

自分の中の常識が音を立てて崩れていくのを感じました。

規則や常識だからダメなのではなく、プラスなことが生まれるなら、それでもイイんじゃないか？
いや、そもそもそんな事考えずに、飲んだらみんな楽しいから飲んじゃおう…なのか??

3ヶ月という期間では、メルボルンのビールとの付き合い方や、ビール文化を自分のものにすることはできませんでしたが、少なくとも自分の中の常識というものはビールの泡のごとく消え、"新たな考え方"という琥珀色の液体が僕の喉をつたい身体を巡った後、脳に到達し心地よい高揚感を与えてくれたのは事実です。

Week 11

Last Days in Melbourne
メルボルン生活、最後の日々

メルボルン滞在最終週は、最後にもう一度行きたいところに行ったり、会いたい人と会ったりの時間でした。Market Lane Coffee、abacus、ST. ALi, Dukes それぞれで最後のフラット・ホワイトを飲み、South Melbourne MarketとChapel Street で最後のお買い物を。

Chapel Streetは、Market Lane Coffeeの近くにあるおしゃれな通りで、何度かぶらぶらしたことはあったのですが、最後の最後に新たな発見が。それは、ものすごく素敵なワイン屋さん。入り口は小さいのですが中に入るとこだわりを感じるシックなインテリア。一見、敷居が高そうなお店ですが、店員さんがとっても気さくでフレンドリーで"We don't know much about wines"と伝えたら優しく説明してくれました。

こちらのワインショップは、1952年にオープンしたオーストラリアの bottle-o (酒屋)、Dan Murphy's の一号店があった場所を復活させたお店。向かい側をみると、全く雰囲気の異なるDan Murphy'sという酒屋さんがあるのですが、こちらも同じ名前！ 同じ系列のお店なんです。一号店の元の所在地ということで、特別なコンセプトでリメイクされているのです。オーストラ

209

リア産のワインにこだわっているので、お土産におすすめです！

私たちは、3代続いているJim Barryというワインメーカーのものを買ってみました。オーストラリアならではのシラーズとカベルネのブレンドもの。今のオーナーのおじいちゃんにあたる1代目が、こだわりのブレンドワインを造っていたのですが、2代目がワインをブレンドするなんてとんでもない！と反抗し、伝統的な製造手法に戻したとか。でも、3代目になる孫が、おじいちゃんが当初手がけていたブレンドに可能性を感じ、ブレンドを再び復活させておじいちゃんのイニシャルをつ

けたこちらのワインを製造。大切な人にプレゼントをする時にこのようなちょっとしたストーリーをシェアできるといいですよね。丁寧に教えてくれた店員さんに感謝！

可愛い洋服屋さんや雑貨屋さんも沢山！ 自分へのお土産でイヤリングもいくつか買い、滞在初期にabacus.というお店のVRの撮影の交渉で初めてこのChapel Streetに来た時にたまたま入ってお気に入りになったブティックにももう一度行きました。

VRの撮影の際にはいなかったのですが、実はabacus.

Week 11

> 長い期間いたからこそ、何度もお店に足を運んだり、道端で立ち話をしたり、お家に伺ったりと…自然な形で関係を深めることができました。

にもちか友の方が！ロケハンしている時にばったりお会いして、abacus.のことを教えてくれました。お礼も兼ねて訪ねてみたら、今回はいらっしゃいました！

そして、メルボルンで仲良くなった皆さんを家に招いてホームパーティーも開きました。3ヶ月の滞在では、様々な方々との出会いがありました。短期の旅行であれば、一度出会ってそれっきりということもありますが、長い期間いたからこそ、何度もお店に足を運んだり、道端で立ち話をしたり、お家に伺ったりと…自然な形で関係を深めることができました。

そんな方々への感謝の意味も込めてのホームパーティー。

メルボルンを代表する3つのカフェで働く、Toshiさん、Shinさん、Aiさん、Makoさん、Meet-upを手伝ってくれた、メルボルン最大の日本人コミュニティ・メルミートのGenkiさん、Mikiさん、Rinくん。会社見学をさせてくれたYukaさん、道端で声をかけてくれたことがきっかけで自宅や学校を案内してくれたAlex、公私ともに

お世話になっていて、今回のプチ移住に合わせてメルボルンに来てくれた友達のWakaさん、そして奥様方などパートナーの方々、可愛いキッズのみんなも交えての賑やかな会となりました。

各々が一品ずつ持ち寄るポットラック形式のパーティーがオーストラリアっぽくて良いのでは？ とMakoさんにご提案頂いたおかげで、海苔巻寿司やおこわ、唐揚げ、サラダといった自分たちでは用意することができないような食事を頂くことができました。

また、Toshiさんの奥様のみゆきさん手作りのティラミスやオシャレなスイーツ、We'll miss you! のバルーンまで持って来てくれました。日本ではなかなか食べることができないマンゴスチンなどのフルーツもテーブルに並び、メルボルンで大好きになった皆さんとワイワイ！

この3ヶ月間の思い出を皆さんと話せたことや、メルボルン在住の皆さんが交流されていたことが嬉しかったです。プリンにとっても、お姉ちゃんやお兄ちゃんに遊んでもらったことは良い思い出になったことと思います。

パーティーの最後は、ToshiさんとShinさんという、メルボルンを代表する2人のバリスタが、ドボドボとお湯が出

Week 11

てしまう大きな注ぎ口のケトルに四苦八苦しながら、夢のコラボによるスペシャリティコーヒーを淹れてくれました。メルボルンでの日本人バリスタの先駆者として道を切り開いたToshiさんと、ラテ・アートで世界一を獲得しバリスタとしての地位を確立させたShinさん。ともすればライバル関係のお二人が、一般家庭の小さなキッチンで協同してコーヒーを淹れてくれている姿を見て、日本から遠く離れたメルボルンという地で、大変なこともある中でも切磋琢磨し乗り越えて来られたからこそ、お互いを認め合えているんだな、と思うと胸に込み上げてくるものがあり、そんなお二人によるコーヒーはやはり格別なものでした。参加してくださった皆さん、温かいfarewell partyをありがとうございました！

最後は初心に戻りw、メルボルンに到着した日に行き、何度も通ったお気に入りのフォー屋さんで食事をすることに。隣のフレンドリーなお客さんが私たちのカメラに気づき写真を撮ってあげようか？と言ってくれて、最後にレアなファミリー写真を撮ることができました（おさるさんのお面はphotoshopで後付けw）。最後の最後まで優しい人々に囲まれていたメルボルンライフでした。みなさん、ありがとうございました!! また必ず戻って来ます！ と、自信を持って言えるほど好きな街になりました。

DAILY SNAPS

Support local

チャペルストリートで見つけたカラフルで可愛いブティック。
こちらのお店で売られているほとんどのアクセサリーが
現地のアーティストが作られたもの。
女子友達へのお土産にも最高！

Be different

オーストラリアの本屋さんに並ぶ書籍は、
サイズも色もテイストもバラバラ。
トレンドとか何が売れているとかではなくて、
自分の個性をどう表すか。

Give a piece of Melbourne!

サウス・メルボルン・マーケットのチョコレート屋さんで
メルボルンならではのお土産get！
カカオは一切使わず、コーヒー豆でできたチョコレート。
その名は、Long Black！
メルボルンの地図がエンボスされている
パッケージも格好いい！
ちか友の方が働いていて尚更嬉しい☆
フランス人オーナーのこのお店、
日本人の丁寧な接客が好きで、
店頭に立つスタッフはほとんど日本人だとか！

Week 11

Next time!

今回は行けなかったワインを飲みながら
絵を描く sip and paint のクラス。
毎日色んなテーマのレッスンがあるのですが、
ペアで行ってお互いを描くクラスがあるんです！
でも、大人気！
早めに予約をしないと入れません
（〈涙〉← 早めに予約をしなかった人）。

Pudding's Growth
（プリンの成長）

メルボルンで仲良くなったお友達のSakuraちゃん
（Toshiさんの娘さん）とお別れ。
Sakuちゃん、プリンを妹のように可愛がってくれて
ありがとう🧡 次また会える日を楽しみにしてるよ！
Toshiさん、Miyukiさん、
色々とありがとうございました！

We'll miss you!

ホームパーティーの翌日、シティで出会ったちか友が
プリンのキャッスルを引き取りに来てくれました。
本当にもう帰るんだ〜と初めて実感が湧きました。
ちょっと寂しい（涙）。

Week 12　　Goodbye Melbourne! さよなら、メルボルン！

帰る日は、朝からプリンを最後のデイケアに連れていき、片付けとパッキングを終わらせました。プリンがいたら間に合わなかったかもしれないので、午後までフレキシブルに預けられるところでよかった！

デイケアからAirbnbに戻る途中にあるDukes Coffee Roastersに寄り、Makoさんに挨拶しつつ最後にお気に入りのキャロットケーキを食べました。

あ〜今日で最後か〜！　と、おさるさんと二人でコーヒーを飲みながらこの3ヶ月間をじっくり振り返りたかったのですが、もちろんそんな余裕もなく、口をキャロットケーキで一杯にして、flat whiteを飲み干して、急いで家に戻りました。(写真はしっかり撮りましたけどねw)

プリンが大きくなって着られなくなったお洋服は、寄付ボックスに入れて、穴が空くほどお世話になったスニーカーたちにお礼を言ってお別れの儀式を。

ダッフルバッグを一つ追加するだけで、パッキングも無事終わり。3ヶ月いた割には荷物がそこまで増えませんでした。短期旅行の方が慌てて買わなきゃ、買わなきゃとなるので荷物が多くなるかもしれません。もっと色々と買いたかったのに〜で終わってしまいました。行く前

Week 12

は、3ヶ月って長いかな？ と思っていたのですが、完全に短すぎた！

先生たちにお礼のお菓子を買って、プリンを迎えにデイケアに。中に入るとリーダーの先生がプリンを抱っこしてくれていました。これまで撮った写真にメッセージを添えたポスターをプレゼントしてくれました。「短い間だったけど、デイケアというものに慣れたと思うから、次が少し楽になるといいね」と優しく言ってくれました。本当に本当に素敵な温かいデイケアで、ここにかなうところを探すのはなかなか難しそう。もう少し大きくなったら色んなアクティビティも楽しめるようになるので、ここに通わせるためにメルボンに戻りたいぐらい！

素敵なお友達もたくさんできて、何回も通ったお気に入りのカフェやお店も見つけて、ちょうどメルボンライフに馴染み始めていたので、離れるのはちょっと寂しかったです。幸いなことに、そんな寂しさをじっくり感じる暇もなく、慌ただしく空港に向かい、日本行きの飛行機に乗って、大好きになったメルボンとお別れをしました。

Map of Melbourne
メルボルンMAP（全体図）

Map of Melbourne
メルボルンMAP（拡大図）

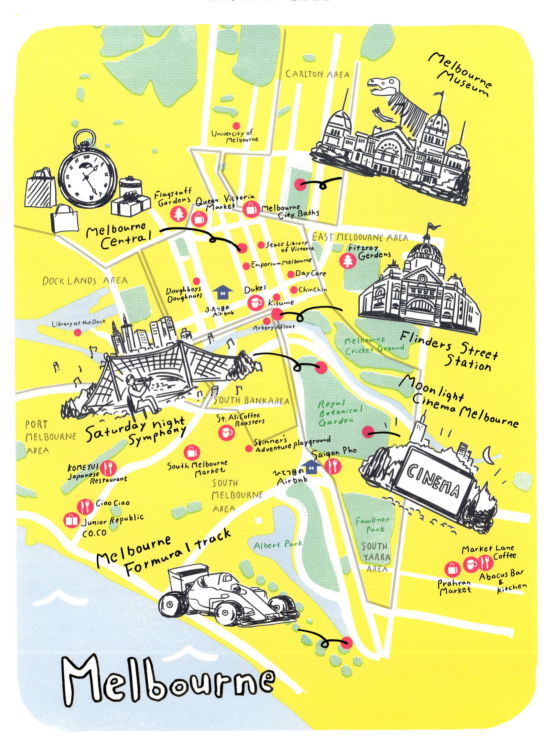

Thank you!! ～あとがきに代えて～

この本を作るにあたり、いつも通りいくつものこだわりがあったのですが、特にこだわったのはハードカバーであることと表紙のデザインでした。海外には coffee table bookと言ってコーヒーテーブルに飾る、インテリアとして使う本がよくあります。本は、読むだけのものではなくて、見るもの、見せるものという感覚。表紙を見るだけでも刺激になるような本をみなさんにお届けしたかったのです。

でも、私の面倒臭さをよーく理解している編集者の大森さんですら私がハードカバーがいいと伝えた時には困った顔をしていました。恐らくこの本は海外旅行ガイドのコーナーに置かれていることが多いと思うのですが、周りにハードカバーの書籍なんてないはずです。旅行ガイドは、旅に持っていくものなので軽くて邪魔にならない作りが理想ですよね。

でも、この本はゴツくて存在感があって、カバンに入れたらたぶん角が潰れますw。
まあ携帯しにくい本ですね。そんな本を開くと、200数ページにわたってメルボルンの魅力や私たちの様々な体験がぎっしりと綴られているのですが、私はメルボルンをおすすめしたり、案内したりするためにこの本を書いたわけではないのです。

もちろん、メルボルンへの旅行を考えている方が活用できる観光情報もありますし、移住を考えている方が参考にできる内容もあったかと思います。YouTubeでシェアしている動画も同じですが、このようなコンテンツの良さは行かなくても、行った気分になれること。単なるお店の写真、メニューや見どころの情報だけではなく、私たちのようなリアルな家族（ちょっと変わった家族かもだけどw）のフィルターを通した海外の文化や暮らし、楽しみ方を知ることによって、より身近に感じてもらえたら嬉しいです。

ちょっとした発想の転換でよりクリエイティブになれたり、思い込んでいたものを別の視点で考えられるようになったり。海外に行けなくてもこの本を開けば、皆さんもメルボルンに3ヶ月プチ移住したかのようにハッと目覚める要素と出会える、そんな本を心がけておさるさんと一緒に書きました。

深い根拠もなくなんとなく決めた初めてのプチ移住先「メルボルン」。感覚でよくあんなにいい街を選んだな！と自分を褒めたいぐらい素敵な場所でした。逆に、いいものを色々と見過ぎてしまい、次の移住先が選べない！メルボルンとは何かの縁を感じました。将来移住ではなくても、何かしらの形でこれからもずっと繋がっていく気がしています（勝手にw）。

都会なのに自然も豊かで、文化もアートもある。人もフレンドリーで、日本食も手に入る。
自分たちのライフスタイルにとてもフィットしていたのか、非常に居心地が良かったです。

そう思えるのも、メルボルンで出会った人々のお陰。旅先でも素敵な出会いは沢山ありますが、今回は仲間ができた感覚です。メルボルンでお世話になったみなさん、meet-upに来てくださったちか友のみ

なさん、街中でお声かけくださったみなさん、本当にありがとうございました！

当初は、もっとテンポ良く色んな国を回るつもりだったのですが、思った以上に一つの国での体験が濃くて、その体験を大切にじっくり吸収してしっかりとシェアしたいという思いから、国と国の間に少しを余裕を持ちながらこのプチ移住ライフをこれから数年間続けたいと考えています。そして、各国で私たちの目をパッと覚ましてくれる様々な気づきをこのWake up! シリーズでみなさんとシェアしていきます！いつも応援ありがとうございます！ Love you guys!!

編集者の大森さん、世界文化社のみなさん、デザイナーの小林さん、イラストレーターの須山さん、私の色んなこだわりを形にしてくださって本当にありがとうございました！お陰様で他にはないとってもユニークな一冊ができました！

おさるさん、いつもギリギリでバタバタで落ち着きのない人生で、イライラすることも沢山あるけどw 結婚式の時の誓いの言葉の通り私の願いをいつも120%で叶えようとしてくれてありがとう。メルボルンでの生活を機に始まったおさるさんの英語力アッププロジェクト、慣れない環境で新しい言語にチャレンジするのは、とても勇気のいることだよね。おさるさんの挑戦する姿は私を含めて色んな方にパワーを与えているよ。いつかメルボルンに戻ったらあの芝生でF1グランプリを見ながらプリンと3人（3人とは限らないか！）で英語でレースの感想をシェアできたらいいね。一緒に頑張ろう！

プリン、プリンは小さくてメルボルンでの生活は覚えていないかもしれないけど、大きくなってから 振り返られるようにこの本と動画でしっかり記録しておきました。記憶として覚えていなくても、写真や動画などの記録で思い起こせるこの時代、ママとパパが沢山悩んで、沢山考えて生み出したこの生き方が、将来プリンの財産にもなりますように。

おさるさんのあとがき

ちかとプリンへ

「A rolling stone gathers no moss（転石苔を生ぜず）」ということわざには、「一か所に落ち着かない者は大成しない」と「活発に行動する者は、いつまでも古くならない」という、2つの異なる意味があるんだって。
僕たちはどっちなのかな？　それは今は分からないけど、この3ヶ月間の刺激的な発見や素敵な出会いは間違いなく僕たちの大切な宝物だよね。
これからも宝物を探しに色々な場所へ行きましょう。さて次はどこ行きの航空券を取る？

吉田ちか / Chika Yoshida

YouTube Creator。小学校1年生時に父親の仕事の関係でアメリカ・シアトルに渡米。以後、16年間をアメリカで過ごす。ワシントン大学・ビジネススクールに入学。卒業後帰国。大手コンサルティング会社に就職。2011年よりYouTubeにて英語学習コンテンツ『バイリンガール英会話』を開始。その再生回数は3億3,000万回にも及ぶ（2019年8月現在）。2015年に同じくクリエイティブ系の仕事をしている夫と結婚。2018年、第一子となる女児を出産。現在は2人でコンテンツ作りに取り組む。『バイリンガール英会話』は、現在800本を超えるバラエティ豊富なコンテンツが配信され、17年にチャンネル登録者が100万人を超える。近著に『人生で一度はやってみたいアメリカ横断の旅 バイリンガールちかの旅ログ』『HELP me TRAVEL』（ともに実業之日本社）がある。

●YouTubeチャンネル
バイリンガール英会話 | Bilingirl Chika

地図イラスト：須山奈津希
ブックデザイン：小林博明＋小林聡美
　　　　　　　　（Kプラスアートワークス有限会社）
協　　力：ビクトリア州政府観光局

校　　正：株式会社円水社
DTP製作：株式会社アド・クレール

WAKE UP! in メルボルン
バイリンガールちかのプチ移住生活

発行日　2019年10月5日　初版第1刷発行

著　者：吉田 ちか
発行者：竹間 勉
発　行：株式会社世界文化社
　　　　〒102-8187 東京都千代田区九段北4-2-29
　　　　電話03(3262)5118（編集部）
　　　　電話03(3262)5115（販売部）
印刷：大日本印刷株式会社
製本：株式会社大観社

©Chika Yoshida, 2019. Printed in Japan
ISBN978-4-418-19504-6

無断転載・複写を禁じます。
定価はカバーに表示してあります。
乱丁、落丁のある場合はお取り替えいたします。

Special Thanks

Toshi from Market Lane Coffee, Miyuki, & Sakura
Shin & Ai from St ALi
Mako from Dukes Coffee Roasters
Genki, Miki, Rin, and everyone from Melmeet
Yuka & everyone at Yellowfin
Hyemi at Explore English
Alex (thanks for letting me stalk you for a day!)
Hanae & the wonderful staff at Rakis on Collins
Gordo, Waka, Madoka & Yosuke, Hitomi, Maho, and my lovely mom for visiting us!
Haruna (thanks for your hard work on the VR videos!)